기독교문서선교회 (Christian Literature Center: 약칭 CLC)는 1941년 영국 콜체스터에서 켄 아담스에 의해 시작되었으며 국제 본부는 미국 필라델피아에 있습니다.
국제 CLC는 약 650여 명의 선교사들이 59개 나라에서 180개의 서점을 운영하며 이동 도서 차량 40대를 이용하여 문서 보급에 힘쓰고 있으며 이메일 주문을 통해 130여 국으로 책을 공급하고 있는 국제적 문서선교 기관입니다.

추천사 1

정 홍 열 박사 | 아신대학교 총장

『기독교의 본질』이라는 이름으로 출간된 책들에 관해 불편한 경험을 지닌 저에게 박철동 박사님의 바빙크 주제별 선집 시리즈 제1권 『기독교의 본질』은 저로 하여금 다시 그 이름에 걸맞은 기대를 가지게 해 주었습니다.

대학 시절 서점에서 우연히 제목에 끌려 만났던 포이어바흐의 『기독교의 본질』을 읽고 얼마나 실망했는지 … 그리고 신학을 공부하게 되면서 하르낙의 『기독교의 본질』을 읽고 역시 또 한 번 크게 낙심한 경험이 있습니다. 포이어바흐의 『기독교의 본질』은 철저히 인간론적 투사로 왜곡된 기독교였으며, 하르낙의 『기독교의 본질』은 윤리적 이상에 집착한 내면화된 가치체계로서의 기독교를 말했지, 바빙크가 소개하는 것처럼 예수 그리스도를 보여주는 기독교를 말하지 않았습니다.

누군든지 기독교의 본질을 말하고자 한다면 예수 그리스도, 그분을 떠나서 어떻게 기독교를 말할 수 있겠습니까?

그런 점에서 바빙크의 기독교 소개는 근본에 철저한 정통주의적 신학을 구사한 모범적이고 대표적인 사례라고 말할 수 있을 것입니다.

바빙크의 전집을 번역하는 과정에서, 먼저 출간되는 제1권에서 소개될 기독교와 기독교의 본질적 주장들을 소개하는 바빙크의 신학이 박철동 박사님을 통해 친절하게 독자들에게 전달될 수 있다는 사실에 기뻐하지 않을 수 없습니다. 정말 이름에 걸맞은 기독교의 본질을 독자들이 맛보고 경험하게 될 줄 확신합니다.

  어느덧 박철동 박사님과 제가 교제하게 된 지 이십 년이 되어 갑니다. 아신대학교 석박사통합과정에서 처음 만난 후, 지금까지 학문적으로만 아니라 개인적·인간적 교제를 해 오고 있습니다.

  신학 연구에 임하는 박철동 박사님의 자세는 진지하다 못해 필사적(?)입니다. 신학함이 박철동 박사님께는 살아있음의 확인이고 살아갈 이유이기도 합니다. 이 책은 그런 열정과 헌신의 열매입니다. 그러하기에 이 책은 평범한 책이 아닙니다. 바빙크라는 위대한 학자에 박철동이라는 열정적인 학자의 영혼이 결합한 역작(master piece)입니다.

  한편, 박철동 박사님께는 하나님께서 붙여주신 천사와 같은 사모님이 계십니다. 사모님을 명예 신학 박사라 해도 좋을 것입니다. 모든 수업과 연구에 동반자로 함께 하셨기에 이미 사모님의 신학적 수준은 박사 이상에 이르렀을 줄 믿습니다.

  이 책이 박철동 박사님과 사모님의 합작이라고 믿어 의심치 않습니다. 그런 점에서 저는 이 책을 독자들에게 더더욱 기쁜 마음으로 추천합니다.

추천사 2

임 덕 규 목사 | 충성교회 담임

네덜란드의 세계적 대신학자 헤르만 바빙크가 저술한 바뱅크 주제별 선집이 정선되어 박철동 박사의 번역과 해설로 기독교문서선교회(CLC)에서 제1권이 출간되었습니다.

우리가 잘 아는 바대로 헤르만 바빙크는 세계 3대 칼빈주의 신학자의 한 사람으로 그의 신학 서적은 이미 『개혁교의학』 전 4권으로(부흥과개혁사, 2012)으로 출간된 바 있습니다.

그러나 바빙크가 저술한 많은 책이 아직 번역되지 않은 상황에서 박철동 박사는 주제별 바빙크 선집을 총 6권으로 구상하여, 먼저 제1권 『기독교의 본질』이 출간되게 되었습니다. 제1권에는 『기독교』, "기독교의 본질", "그리스도와 기독교"를 다루고 있습니다.

바빙크가 1912년에 출간한 『기독교』는 짧은 지면이지만, 기독교의 본질, 로마가톨릭과 동방정교회와의 차이점 그리고 종교개혁 이후 19세기까지 여러 분파들을 정리하고, 기독교 생명력을 높이는 글로 요약하고 있습니다. 『기독교』를 읽는 독자는 예수님의 신성과 인성의 인격에 관한 기독교 본질의 이해로부터 시작해서 종교개혁의 성격과 그 이후의 발전에 대한 많은 통찰력을 얻을 것입니다.

특히, 바빙크가 저술한 본문에는 소제목이 없으나, 이번에 출간되는 『기독교의 본질』에서는 소제목을 붙이고, 문단을 나누어 읽기 쉽게 하며, 친절하고 신학적 이해가 깊은 각주를 달아서 더 깊은 기독교 진리로 인도하고 있습니다. 그리하여 한 번 읽고 마는 책이 아니라 곁에 두고 필요시 읽으면서 유익을 얻는 귀중한 소장서가 되리라 믿고 기꺼이 이 책을 추천하는 바입니다.

개인적으로 박철동 박사를 누구보다 잘 아는 사람으로서 그분의 뛰어난 원서 해독 능력과 교리에 대한 깊은 통찰력, 진리 추구에 대한 집중력은 타인의 추종을 불허한다고 믿습니다. 이미 영어 논문을 여러 편 해외 학회에 발표해서 신실한 신학자로 발돋음하고 있습니다. 앞으로 한국 교회와 신학계에 크게 기여하리라고 믿습니다.

박철동 박사에게 어학에 대한 탁월한 능력과 통찰력 및 집중력, 그리고 겸손함을 주신 하나님과 우리 주 그리스도께 영광을 올립니다.

"오직 하나님의 영광을 위하여!"

추천사 3

이 정 훈 목사 | 네덜란드 즈볼러한인교회 담임, 자유대학교 Ph.D. 과정

    헤르만 바빙크의 『기독교』(*Het Christendom*)는 "위대한 종교들(*Groote Godsdiensten*) 시리즈"에 포함된 책으로, 기독교와 복음의 본질을 상세히 설명하는 안내서입니다.
    바빙크의 『기독교』는 기독교의 본질이 무엇이며, 복음이 말하는 진리가 무엇인지 선명하게 보여줍니다. 기독교는 예수 그리스도의 존재와 본질, 그리고 사역의 기초 위에 세워진 신앙공동체의 종교임을 논리적으로 설명합니다. 또한, 종교개혁의 필연성과 종교개혁 이후 19세기 분파들에 대한 내용도 앞서 말한 기독교의 본질과 밀접한 관련이 있음을 보여줍니다.
    기독교의 생명력이 오직 예수 그리스도에 있음을 강조하는 바빙크의 『기독교』는 오늘날 한국 교회에 큰 울림을 줄 것입니다. 신칼빈주의 요람 위트레흐트신학대학교(구. 캄펀신학대학교) 신칼빈주의연구소에서 관련 교수님들과 상의 가운데 헤르만 바빙크 주제별 선집 시리즈 번역을 위해 애쓰고 수고하시는 박철동 목사님의 수고와 헌신에 깊은 감사를 드립니다. 해제와 역주 또한 바빙크의 『기독교』를 이해하는 데 큰 도움이 될 것입니다.
    기쁜 마음으로 정독을 권합니다.

[주제별 선집 6권 시리즈와 번역 선집 1권에서 사용되는 용어의 의미]

- 바빙크 주제별 선집: 바빙크의 다양한 작품을 6개의 주제로 나누어 해제와 관련 2차 문헌을 포함하여 번역하였음.

- 번역 선집 1권은 책으로 출간된 『기독교』, 논문으로 출판된 "기독교의 본질", "그리스도와 기독교", 2편, 총 3작품과 B. B. 워필드의 "그리스도 없는 기독교" 논문 결론(바빙크 글 인용)에 대한 간략한 부록으로 구성하였음.

- 번역 선집 1권 제목은 기독교의 본질은 기독교에서 그리스도의 위치에 있다는 의미에서 "기독교의 본질-그리스도와 기독교"로 정하였음.

- 번역 선집 1권 세 작품 중 책으로 출간된 기독교는 겹낫표(『 』)로, 논문으로 출간된 두 작품은 큰따옴표(" ")로 구분하여 표시하였음.

- 특별히 책으로 출간된 『기독교』는 불교, 이슬람교 등의 다른 종교들을 함께 소개하는 "위대한 종교들 시리즈" 중 하나로 출간되었음.

기독교의 본질

그리스도와 기독교

The Essence of Christianity: Christ and Christianity
(Herman Bavinck: Selected Thematic Writings Volume 1)
Written by Herman Bavinck
Translated by Cheol-Dong Park
All rights reserved.
Korean Edition Copyright © 2024 by Christian Literature Center, Seoul, Korea.

기독교의 본질
그리스도와 기독교

2024년 10월 15일 초판 발행

지 은 이	헤르만 바빙크
옮 긴 이	박철동
편 집	이신영
디 자 인	서민정, 소신애
펴 낸 곳	(사)기독교문서선교회
등 록	제16-25호(1980.1.18.)
주 소	서울특별시 동대문구 천호대로71길 39
전 화	02-586-8761~3(본사) 031-942-8761(영업부)
팩 스	02-523-0131(본사) 031-942-8763(영업부)
이 메 일	clckor@gmail.com
홈페이지	www.clcbook.com
송금계좌	기업은행 073-000308-04-020 (사)기독교문서선교회
일련번호	2024-110

ISBN 978-89-341-2754-3 (94230)
ISBN 978-89-341-2753-6 (세트)

이 한국어판 출판권은(사)기독교문서선교회가 소유합니다.
신저작권법에 의하여 한국 내에서 보호를 받는 저작물이므로 무단 전재와 무단 복제를 금합니다.

헤르만 바빙크
주제별 선집 1권

기독교의 본질
그리스도와 기독교

헤르만 바빙크 지음
박 철 동 번역 및 해설

CLC

목차

추천사 1 **정홍열 박사** | 아신대학교 총장   1
추천사 2 **임덕규 목사** | 충성교회 담임   3
추천사 3 **이정훈 목사** | 네덜란드 즈볼러한인교회 담임   5

헤이스베르트 판 덴 브링크(Gijsbert van den Brink)의 번역 시리즈 서문   13
행크 판 덴 벨트(Henk van den Belt)의 『기독교』 소개   16

역자 서문   23

서론   26
1. 주제별 선집 시리즈 목적   26
2. 바빙크 주제별 선집(전 6권) 권별 목차   29
3. 바빙크 주제별 선집 권별 내용   33
4. 바빙크 저서와 관련된 신칼빈주의연구소와 참고 문헌 소개   50

바빙크 주제별 선집 I권: 『기독교의 본질』

제1부 『기독교』(Het Christendom, 1912)   55

제1장 해제와 서평   58
1. 본문 해제   62
2. B. B. 워필드의 『기독교』에 대한 서평   65

제2장 기독교(Het Christendom)   67
1. 기독교의 본질에 관한 탐구   67
2. 예수가 그리스도, 하나님의 아들이심에 대한 성경의 증거   80
3. 기독론: 예수에 대한 신앙고백에서 시작된 두 본성 교리   95
4. 초기 기독교 형태 중 대표적인 서방 기독교와 동방 기독교   102
5. 종교개혁의 정신과 역동성   118
6. 종교개혁 이후 19세기까지 기독교와 연관된 분파들과 사상들   132
7. 기독교의 생명력과 전망   144
[부록] B. B. 워필드의 "그리스도 없는 기독교" 결론(바빙크 글 인용)   150

제2부 기독교의 본질 ("Het Wezen des Christendoms," 1906)   152

제1장 "기독교의 본질" 해제   154
1. 교회 교리를 떠난 기독교의 본질에 관한 연구 동향 및 연구 방법론   155
2. 하르낙의 기독교의 본질과 교회 기독론과의 차이점   157
3. 존 볼트의 "기독교 본질"에 대한 영문 번역본 소개   158

제2장 기독교의 본질("Het Wezen des Christendoms") 160
1. 18세기 이후 근본적 의심 가운데 진행된 기독교의 본질에 관한 연구 경향 160
2. 기독교의 본질 연구 방향에 큰 영향을 미친 슈트라우스 162
3. 하르낙의 기독교 본질에 대한 강연과 개념 165
4. 교회 교리를 떠난 기독교의 본질에 관한 연구의 실재 167
5. 기독교의 본질에 관한 연구에서 경험론적·관념론적 귀납적 방법의 한계 171
6. 기독교의 본질에 대하여 다른 관점을 가진 신학과의 관계 177
7. 역사적 예수와 신앙의 그리스도 180
8. 부인할 수 없는 메시아, 하나님의 아들에 대한 예수의 자의식 185
9. 예수 그리스도 그 인격 자체를 아는 믿음의 절대적 중요성 186
10. 신학의 출발점과 직무 187

제3부 그리스도와 기독교("Christ and Christianity," 1916) 190

제1장 해제 192

제2장 그리스도와 기독교("Christ and Christianity") 195
1. 기독교의 구별되는 본질: 기독교에서의 그리스도의 위치 195
2. 예수가 그리스도이며 그 그리스도가 하나님의 아들이라는 신앙의 중요성 198
3. 주관적인 그리스도에 대한 신앙고백의 객관적인 신학적 측면에서의 타당성 201
4. 예수가 그리스도, 하나님의 아들에 대한 성경적 증거 209
5. 결론과 적용 210
부록: 참고 내용 213

헤이스베르트 판 덴 브링크(Gijsbert van den Brink)의 번역 시리즈 서문[1]

네덜란드의 신학자 헤르만 바빙크(Herman Bavinck, 1854-1921)의 많은 저작이 한국어로 번역되고 있다는 것은 참으로 반가운 일입니다.

심지어 이 책은 앞으로 6권 이상으로 구성될 시리즈의 첫 번째 책으로 기획되었습니다!

우리는 이 초대형 프로젝트의 완성을 위해 끊임없이 노력해 주신 박철동 박사님께 큰 빚을 지고 있습니다.

네덜란드의 조직신학자로서 바빙크의 계보를 잇고 있는 저는, 개인 신자는 물론, 그의 작품을 함께 읽고 토론하는 교회공동체 모두가 오늘날 그에게서 배울 것이 많다고 생각합니다. 바빙크의 광채(radiance)와 적절성(relevance)은 그가 살았고 일했던 서유럽의 맥락에 국한되지 않습니다.

오히려 최근 미국을 시작으로 중국, 인도네시아에 이르기까지 전 세계에서 바빙크 신학에 대한 관심이 놀랍고 강력하게 급증하고 있으며, 기독교인들은 그의 사상을 심도있게 연구하고 자신의 신앙과 삶에 필요한 영

---

1 브링크(Gijsbert van den Brink) 교수님은 필자가 2019년 암스테르담자유대학교 방문 연구원을 지원했을 때, 신학부연구소(Faculty of Religion and Theology) 디렉터로 이를 수용해 주었고, 3년의 연구 기간 내내 따뜻한 관심과 조언 그리고 적극적인 지원을 아끼지 않았던 분입니다. 한국으로 돌아온 이후에도 연구 프로젝트나 논문에 대해서 적절한 리뷰를 해주었고, 이번 번역 시리즈 기획에 대해서도 좋은 조언을 해 주셨습니다. 이 모두와 함께 기꺼이 번역 시리즈 서문을 작성해 주신 것에 대하여 깊은 감사와 존경을 드립니다.

감을 얻고 있습니다.

특히, 신학에 대한 바빙크의 근본적인 기본 태도(underlying basic attitude) 때문에 그의 신학과 사상은 계속적으로 시대적 적실성을 갖습니다. 이런 태도는 '정통적이면서도 현대적'(orthodox yet modern)이라는 슬로건으로 적절하게 특징지어집니다.[2]

한편으로 바빙크는 하나님의 말씀에 깊이 헌신하였고 거기에서 비롯된 개혁주의 신학의 전통에 또한 깊이 헌신했기 때문에 그의 신학은 전적으로 정통적이었습니다. 반면, 바빙크는 어거스틴(Augustine)이나 칼빈(Calvin), 보에티우스(Voetius) 같은 위대한 신학자들이 이전에 했던 말을 그대로 반복하지 않았습니다. 바빙크는 그들의 말을 경청하며 존경심을 가지고 그들의 발자취를 따르면서도, 개혁주의 전통의 원천의 단순한 반복이 아니라 당대의 큰 도전에 맞도록 그것을 발전시켜야 한다는 깊은 신념을 잃지 않았습니다.

그런 의미에서 바빙크는 정통적이면서도 현대적이었습니다. 때때로 둘 사이에서 큰 긴장을 경험하기도 하고, 그 결과 믿음과 불신앙 사이의 영적 투쟁에 빠져들기도 했지만, 둘 중 하나를 포기하지는 않았습니다. 그런 의미에서 그는 오늘날 그리스도인들에게 귀감이 됩니다.

21세기 한국 교회의 상황이 20세기 초 네덜란드와 다르다는 것은 말할 필요도 없습니다. 그러나 이 책의 서론 번역 시리즈 목적에서 밝힌 "현재 한국 교회가 직면한 도전은 역사적으로 서구 기독교가 겪었던 어려움과 본질적으로 유사하다"고 한 박철동 박사의 평가는 정확합니다. 이어서 그

---

[2] 바빙크와 관련하여 '근대' 또는 '현대'로 번역되는 'modern'이라는 용어를 사용한 것은 그가 근·현대 신학을 따랐다는 의미가 아닙니다. 바빙크는 『개혁교의학』 초판 1권 서문에서 교의학자의 임무는 과거에 뿌리를 두면서 현실 문제 해결에 반드시 초점을 두고, 그 방향은 미래를 지향하는 데 있다고 말했습니다. 따라서, 바빙크가 말하는 'modern'은 판 덴 브링크 교수가 설명하는 바와 같이, 전통에 뿌리를 두면서도 동시대의 문제를 해결하며 그 방향은 미래를 지향한다는 의미로 이해할 수 있습니다.

는 이러한 도전은 종교에 대한 회의와 무관심이 만연하고, 종종 세속화로 이어지는 것과 관련이 있다고 덧붙였습니다.

이미 바빙크는 현대 신학자들과의 접촉을 통해 이런 상황을 감지하고 부분적으로 경험했습니다(그는 평화로운[irenic] 성격의 소유자였기에, 그들을 무시하지 않았고, 심지어 반대해야 하는 부분에서도 그들로부터 배우려고 했습니다).

따라서, 우리는 바빙크가 이러한 상황에 어떻게 대처했는지 배워야 합니다. 그는 피상적인 방식으로 진행하지 않고 성경과 교회의 신학적 전통에 뿌리내린 건전한 신학을 발전시켰으며, 그 유리한 지점에서 당시의 영을 분별할 수 있었습니다. 그리고 다행스럽게도 주님은 바빙크가 세상을 떠난 지 한 세기가 넘은 오늘날에도 네덜란드와 서유럽 전역에 여전히 살아 있는 교회와 신실한 공동체를 남겨 주셨습니다.

한 가지 더 언급할 것이 있습니다. 바빙크의 시대와 현대 한국 교회의 상황은 역사적, 문화적 차이가 상당히 클 수 있습니다. 그래서 가끔 바빙크의 작품을 읽다 보면 바빙크가 정확히 무엇을 염두에 두었는지, 어떤 사상적 흐름과 교류하거나 맞서 싸우고 있었는지 파악하기 어려울 수 있습니다.

그러므로 이 책 곳곳에, 특히 한국 독자들에게 텍스트의 의미가 바로 드러나지 않을 수 있는 부분에 많은 설명을 덧붙인 것은 현명한 결정이었습니다. 박 박사는 모든 경우에 본문과 주석의 차이를 명확히 했습니다. 이는 독자들이 바빙크의 맥락에서 바빙크를 이해하고, 오늘날 한국 교회의 상황과 연관 짓는 데 분명 도움이 될 것입니다.

바빙크의 번역 작품을 통해 독자들이 기쁨과 인내로 신앙의 여정을 이어가는 데 격려와 힘을 얻을 수 있기를 소망합니다.

2024년 8월, 네덜란드 암스테르담자유대학교에서
(Prof. Gijsbert van den Brink, August 2024. Vrije Universiteit Amsterdam)

행크 판 덴 벨트(H. van den Belt)의 『기독교』 소개[1]

1912년 헤르만 바빙크는 "위대한 종교들" 시리즈에서 『기독교』라는 제목의 62페이지 분량의 책자(brochure)를 저술했습니다.[2]

바빙크가 기독교에 관한 책자를 출간하기 전에 이 시리즈는 힌두교, 불교, 이슬람교, 심지어 범신론에 관한 책자들을 출판했기 때문에, 그가 선뜻 기독교에 대한 글을 쓰는 것을 수락했다는 것은 놀랍습니다.

그뿐만 아니라, 이 시리즈의 다른 저자 중 한 명은 기독교가 불교로부터 배울 수 있다는 발언으로 네덜란드 개혁교회 내에서 뜨거운 논쟁을 일으킨 루이스 아드리안 뵐러(Louis Adriën Bähler, 1867-1941) 목사였기 때문에 더욱 그렇습니다.[3] 뵐러가 징계를 받지 않은 것을 이유로 1906년 네덜란드

---

1   행크 판 덴 벨트(Henk van den Belt) 교수님은 암스테르담자유대학교와 아펠도른신학대학교 조직신학 교수이며, 「개혁주의 신학에 대한 연구」 총괄 편집자(General Editor of Studies in Reformed Theology, Brill)입니다. 2019년 암스테르담자유대학교 내 '개혁주의와 복음주의 신학을 위한 헤르만바빙크연구소' 소장(Director of the Herman Bavinck Center for Reformed and Evangelical Theology)을 맡으면서 필자와 3년간 함께 지냈습니다. 바빙크 주제별 번역 시리즈 1권에 대하여 흔쾌히 『기독교』를 소개해 주심에 감사드립니다.

2   Herman Bavinck, *Het Christendom,* Groote Godsdiensten 2.7(Baarn: Hollandia, 1912); hereafter referenced in text. This introduction is derived from Henk van den Belt, 'Religion as Revelation? The Development of Herman Bavinck's View from a Reformed Orthodox to a Neo-Calvinist Approach' in: *The Bavinck Review* 4 (2013): 9-31.

3   J.S. Speyer, *Het Buddhisme*, Groote Godsdiensten 1.6 (Baarn: Hollandia,1912), J.S. Speyer, *Hindoeïsme*, Groote Godsdiensten 1.7(Baarn: Hollandia, 1912), Louis A. Bähler, *Het pantheïsme, zijn geschiedenis en zijn beteekenis,* Groote Godsdiensten 2.5(Baarn: Hollandia, 1912), and C. Snouck Hurgronje, *De Islam,* Groote Godsdiensten 2.6(Baarn: Hollandia, 1912).

개혁교회에서 개혁주의연맹(the Reformed League)이 시작되었기 때문입니다.

바빙크가 이 책자 출판에 기꺼이 동의한 것은 평화를 추구하는 그의 태도를 보여줍니다. 그는 자신의 개인적 신앙 때문에 여러 종교 중에서 기독교를 소개하는 책자를 쓸 수는 없다고 생각하지 않았습니다.

기독교인으로서 바빙크는 이 주제에 관심을 두고 있었지만, 비그리스도인들 역시 이 주제에 관해 관심이 있을 수도 있다고 생각했습니다.

> 미움은 사람을 눈멀게 하지만 사랑은 종종 대상을 더 선명하게 보게 합니다.[4]

이 말은 바빙크의 입장을 잘 대변해 줍니다.

바빙크는 기독교와 신학이 그리스도에 대한 신앙고백에서 출발하고, 이러한 신앙고백이 주관적인 측면에서 볼 때, 기독교는 하나의 종교이며 인간의 고백임을 염두에 두어야 함을 인정합니다. 그러나 그는 이 신앙고백은 엄밀히 아버지와 아들과 성령이신 삼위 하나님이 인류와 세상 속에서 위대한 일을 하신다는 것을 의미한다고 강조합니다.

따라서, 하나님의 사역에 대한 믿음의 찬가를 들을 때 그리고 "기독교를 객관적이고 신학적 측면에서 바라볼 때 기독교의 진리와 영광이 우리 영혼의 눈앞에 선명하게 나타나게 됩니다"[5]라고 말합니다.

바빙크는 기독교와 다른 종교와의 구별이 다음과 같이 눈에 들어오게 된다고 말합니다. 보통 저등 종교들(정령 숭배, 영매술, 물신 숭배)에 여전히 '위대한 영, 높은 아버지, 위대한 주' 등으로 불리는 최고의 존재에 관한 인식이 포함되어 있지만, 이것은 최소한의 교육을 받지 못하거나 낮은 계급의 사람들에게는 죽은 믿음에 해당합니다. 사실상 그들의 종교는 미신과

---

4   Bavinck, *Het Christendom*, 5.
5   Bavinck, *Het Christendom*, 23.

주술에 빠져 있습니다.

반면, 고등 종교에는 고귀한 특성이 부족하지 않으므로 단순히 기독교와 반정립적이지만, 이러한 특성들은 선교를 위한 다양한 접촉점을 제공합니다.

그러나 구원론에서 이 종교들은 기독교와 전혀 다른 성격을 갖습니다. 중국 종교에서 공자, 불교에서 고타마, 이슬람 종교에서 모하메드와 같은 다른 종교의 창시자들은 구원을 위한 어느 한 길을 제시한, 매우 큰 은사를 지닌 사람들입니다.

> 그러나 그들 각자도 자신들을 위하여 제시한 구원의 길을 따라야 하며 궁극적으로 자신의 구세주가 됩니다. 다른 모든 종교는 자력 구원(auto-soteric)입니다.

이 내용을 동일하게 언급한 "그리스도와 기독교"에서, 바빙크는 모든 비기독교 종교들은 자력 구원이라고 주장한 독일 철학자 폰 하트만(K. R. Eduard von Hartmann, 1842-1906)을 언급합니다. 그러면서 바빙크는 "고등 종교"는 또한 "선교사에게 많은 접촉점을 제공하며 이러한 모든 등급의 친밀감은 추방되어서는 안 되며 보장되고 강화되어야 합니다"라고 덧붙였습니다.[6]

바빙크는 이렇게 말합니다.

---

6 Herman Bavinck, "Christ and Christianity," transl. A.A. Pfanstiehl, *The Biblical Review* 1, no. 2 (1916): 214-36, there 214. For the manuscript see Archive 176 of the Historical Documentation Centre, VU University, Amsterdam(hereafter: Bavinck Archives), folder 72.

그러나 기독교에서 그리스도는 말하자면 기독교 그 자체입니다. … 중국 종교는 이신론적이고, 불교는 무신론적이고, 이슬람 종교는 운명론적입니다. … 우리는 보다 높은 차원에서 이런 방식으로 다른 종교에 있는 선한 것을 인정하면서도, 그 안에 있는 오류와 약함을 판별할 수 있습니다. 따라서, 우리는 다른 모든 종교의 교정과 완성이며, 스스로 참된 종교임을 증명하는 그러한 기독교에 마땅히 감사해야 합니다.[7]

이 책자는 종교들을 계시와 바로 연관시키지는 않지만, 바빙크의 접근 방식은 『개혁교의학』 제2판의 해당 내용과 유사합니다. 왜냐하면, 그는 종교들에서 기독교를 모든 종교의 교정 및 완성으로 주장하기 때문입니다. 벤자민 B. 워필드는 리뷰에서 그 결과에 감탄했습니다.

바빙크 박사가 기독교가 무엇인지, 그리고 (종교 소개) 시리즈에서 기독교를 다른 "위대한 종교들"(Groote Godsdiensten)과 비교하여 설명하는 모두를 62페이지의 작은 분량으로 수행하는 것은 결코 작은 작업이 아닙니다. 그러나 그는 이 작업을 가장 훌륭한 방법으로 완성했습니다. … (짧은 분량으로 기독교를 소개할 때) 우리는 이 작품 이상으로 어떻게 더 잘할 수 있을지를 상상할 수 없습니다.[8]

바빙크는 일반적으로 비기독교 종교에 대해 긍정적인 견해를 표명합니다. 특별히 『개혁교의학』 초판에서 그는 일반계시는 "이방 종교의 세계에도 큰 의미가 있습니다. 그것은 이방 종교의 안정적이고 영구적인 토대입

---

7   Bavinck, *Het Christendom*, 23-24.
8   Benjamin B. Warfield, Review of "Groote Godsdiensten: Serie II, No. 7. *Het Christendom* door Dr. H. Bavinck," *The Princeton Theological Review* 11 (1913), 538.

니다"라고 말합니다.[9]

성경은 모든 형태의 이방 종교를 판단하고, 그것들을 하나님에 관한 순수한 지식에서 벗어난 배교로 설명합니다. 종교 철학은 원시적인 형태의 물신 숭배, 정령 숭배, 조상 숭배에서 비롯된 종교를 설명하는 진화론으로 원래의 순수 종교에서 타락했다는 단순한 성경적 관점을 대체합니다.

> 그러나 성경이 이방 종교의 성격을 아무리 엄격하게 판단하더라도, 일반계시는 이방 종교 종교에도 존재하는 진리의 모든 요소를 인정할 수 있도록 하고, 우리에게 권한을 부여합니다. 과거에 종교 연구는 오로지 교리학과 변증학을 위한 목적으로만 추구되었습니다. 모하메드와 같은 [비기독교] 종교의 창시자들은 단순히 사기꾼, 하나님의 적, 악마의 공범으로 간주되었습니다.[10]

성경은 이방 종교들 사이에서도 하나님의 계시, 로고스의 조명, 하나님의 영의 역사가 있다고 가르칩니다. 바빙크는 개혁주의 신학에서 일반은혜의 교리가 이방 종교 세계에서 참되고 아름답고 선한 것, 그리고 도덕적, 지적, 사회적, 정치적 삶의 모든 영역에 적용되었지만, 이방 종교에서는 일반은혜가 인정되지 않았다고 하면서 아쉬워합니다.

> 하나님의 영과 그의 일반은혜의 작용은 과학과 예술, 도덕과 법뿐만 아니라 종교에서도 분별할 수 있습니다. … 결국 종교의 창시자들은 사기꾼이

---

[9] Herman Bavinck, *Gereformeerde Dogmatiek*, 1st ed. (Kampen: J.H. Bos, 1895), 1:234. Herman Bavinck, *Gereformeerde Dogmatiek*, 4th ed. (Kampen: J.H. Kok, 1928), 1:286; hereafter referenced as *GD*. Cf. Herman Bavinck, *Reformed Dogmatics*, 4 vols., ed. John Bolt, trans. John Vriend (Grand Rapids: Baker Academic, 2003–2008), 1:314; hereafter referenced as *RD*.

[10] *GD*, 1st ed., 1:238; *GD*, 1:290; cf. *RD*, 1:318.

> 나 사탄의 대리인이 아니라, 종교적 성향의 사람들로, 그 시대와 사람들에 대한 사명을 완수해야 했고 종종 사람들의 삶에 유익한 영향력을 행사해야 했던 사람들입니다.[11]

기독교는 이방 종교에 반정립(antithetical)한 종교일 뿐만 아니라 이방 종교를 성취하는 종교이기도 합니다.

바빙크는 『하나님의 큰일』에서 비기독교 종교의 창시자들이 부족 종교를 심각한 타락과 쇠퇴의 상태에서 일으켜 세웠다고 강조합니다. 미신과 문명 사이의 갈등 속에서, 대중 종교와 자신에게 비친 깨달은 의식 사이의 갈등을 영혼으로 씨름하는 사람들(종교의 창시자들)이 탄생했습니다.

> 그들은 그들에게 주어진 빛에 의해 진정한 행복을 얻을 수 있는 더 나은 방법을 찾았습니다.[12]

이와 유사한 바빙크의 언급들을 근거로 바빙크가 비기독교 종교에 대해서 긍정적인 입장만 보인 것으로 단정해서는 안 됩니다.

바빙크는 샹테피 드 라 소세(Chantepie de la Saussaye)의 신학을 평가하면서, 모든 종교에 숨겨진 진리가 기독교에서 어떻게 온전히 실현되는지를 드러내고 제시하고 설명하는 것이 신학의 소명이라고 말함으로써 샹테피의 입장을 요약합니다.[13]

---

11 *GD*, 1st ed., 1:239; *GD*, 1:291; cf. *RD*, 1:319.
12 Herman Bavinck, *Magnalia Dei* (Kampen: Kok, 1909), 54; cf. Herman Bavinck, *Our Reasonable Faith*, trans. Henry Zylstra (Grand Rapids: Eerdmans, 1956), 58.
13 Herman Bavinck, *De Theologie van Prof. Dr. Daniel Chantepie de la Saussaye: Bijdrage tot de kennis der Ethische Theologie* (Leiden: Donner, 1884), 83.

이 초기 작품에서 그는 샹테피가 신학을 인류학적으로 접근했기 때문에 샹테피에 동의하지 않는 것처럼 보입니다. 그러나 바빙크는 비기독교 종교에 대한 그의 견해에서 여전히 윤리신학의 영향을 받았을 수 있습니다.

그러나 일반적으로 그는 윤리신학자들보다 더 비판적입니다. 그의 긍정적인 발언에는 항상 종교가 구원으로 인도하지 않으며 본래의 참된 종교를 변형시킨 것이라는 인식이 수반됩니다. 바빙크는 공자, 모하메드 등이 창시한 종교를 개혁 종교라고 부르는데, 이 종교들은 다른 형태의 우상 숭배와 정도만 다를 뿐 본질적으로 다르지 않습니다.

『기독 종교의 가르침에 대한 안내서』(*Guide to the Teaching of the Christian Religion*, 1913)에서 바빙크는 이방 종교에 대한 긍정적인 측면에 대해서는 거의 언급하지 않으며, 일반계시를 통해 인간이 하나님에 대해 알 수 있는 모든 것은 여전히 불충분하다고 강조합니다. 이어서 바빙크는 종교의 창시자들은 "여러 가지 면에서 주변의 미신보다 더 높은 위치에 올랐지만, 거짓 종교의 가지 얼마를 잘라내더라도 그 뿌리는 근절되지 않았습니다"라고 말합니다.[14]

14　Herman Bavinck, *Handleiding bij het onderwijs in den Christelijken Godsdienst* (Kampen: Kok, 1913), 17.

역자 서문

박 철 동 박사 | 아신대학교 겸임교수

　기독교 외 다른 종교들이 교주의 가르침을 믿는 반면, "기독교 신앙은 개신교 자유주의자들과 같이 예수의 가르침이나 예수가 믿었던 믿음을 믿는 것이 아니라, 예수에 대하여 가르쳐진 내용을 통해 그를 믿을 수 있게 하는 데 있다."

　신학을 처음 시작하는 학기에 읽었던 해롤드 브라운(Harold O. Brown)의 『이단들』(Heresies, 한국에서는 『정통과 이단』으로 출간)에 나오는 이 내용은 기독교의 본질적 진리를 대표한다고 생각되었고, 더 깊게 연구하는 시간을 갖고 싶었습니다. 그 바람이 쉽게 이루어지지 않던 차에, 박사학위 논문을 쓰면서 읽었던 시리즈 4권에 포함되어 번역될 판 덴 벨트 교수님의 "계시로서의 종교?"에 관한 바빙크의 논문에서 동일한 내용을 발견하고 그동안 미뤄 왔던 과제를 다시 생각하게 되었습니다.

　비록 제가 연구하는 주요 주제는 아니었지만 하나님은 이 주제에 관심을 갖도록 계속 인도하셨습니다. 판 덴 벨트(H. van den Belt) 교수님의 논문에서 소개받은, 본서에 번역된 작품들을 중심으로, 바빙크 사망 100주년 캄펀콘퍼런스에서 논문을 발표하고 관련 몇 편의 학술 논문을 썼습니다. 그리고 이제 본 번역서를 통해 연구를 최종적으로 마무리하도록 하나님께서 인도해 주셨습니다. 이 번역서를 출간하면서 오랫동안 미루어 왔던 과업을 이제 겨우 완료했다는 생각을 하게 됩니다. 그 과정에서 헤르만 바빙크의 자필 원고로 꼼꼼히 보는 것을 포함하여 관련 작품을 여러 번 정독하였습니다. 최소한 본 번역서 작품을 가장 많이 정독한 사람 중에 하나가 아닐까 하는 생각을 해봅니다.

기독교의 본질은 기독교에서의 그리스도의 위치에 있습니다. 즉, 교주의 가르침을 믿는 다른 종교들과 달리 기독교는 그리스도를 복음의 내용으로 믿는 종교입니다.

이 신앙고백에 관하여, 교회 교리를 떠난 기독교의 본질에 관한 주장이 우후죽순처럼 주장되었고, 아돌프 하르낙의 기독교 본질 강연에서 그 절정에 도달했습니다.

바빙크는 이에 대한 분석을 통해, 교회 교리를 떠난 기독교의 본질에 대한 연구는 성경이 증거하는 그리스도에 대한 믿음 대신 자신의 의견을 제시한 것에 지나지 않음을 드러냅니다("기독교의 본질," 1906). 그리고 종교들 소개 시리즈에서 다른 종교들과 구별되는 기독교의 이러한 진리를 중심으로 기독교 전체를 설명하고(『기독교』, 1912), 이에 대한 성경적 증거를 전체적으로 종합하여 제시했습니다("그리스도와 기독교," 1916).

그러므로 그리스도와 복음의 깊이를 드러내는 바빙크의 글은 반복하여 읽어도 언제나 새로운 은혜로 다가옵니다.

2019년부터 3년간 암스테르담자유대학교 헤르만바빙크연구소 방문 연구원 지원을 수용해주고 적극적인 지원을 아끼지 않으신 것은 물론, 바쁜 일정 속에서도 번역 시리즈 전체에 대한 서문을 기꺼이 작성해 주신 자유대학교 헤이스베르트 판 덴 브링크(G. van den Brink) 교수님께 감사를 드립니다. 방문 연구 기간에 코로나 팬데믹이 있었음에도 불구하고 연구에 전념할 수 있도록 배려와 지원을 해주시고 흔쾌히 본 번역 시리즈 1권에서 중심이 되는 『기독교』를 소개해 주신 자유대학교 행크 판 덴 벨트 교수님께도 감사를 드립니다. 아울러 올해 3월 시작된 위트레흐트신학대학교(구, 캄펀신학대학교) 신칼빈주의연구소에 방문 연구원 지원을 허락해 주시고 유익한 정기 토론 모임을 통해 연구 프로젝트와 번역 시리즈 번역을 보다 효과적으로 진행할 수 있도록 해주신 조지 하링크(G. Harinck) 교수님과 관련 모든 교수님께 감사를 드립니다.

박사 논문 지도교수셨고 그 후에도 지금까지 끊임없는 격려와 관심을 기울여주신 아신대학교 정홍열 총장님께 깊이 감사를 드립니다. 믿음의 지체로 늘 기도로 후원해 주시는 어머니와 장모님, 그리고 주말씀교회 성도님들과 추천사를 써 주시고 처음 신앙을 가질 때부터 지금까지 변함없이 기도와 성원을 해주시는 충성교회 임덕규 목사님과 성도님들, 여호수아선교회 간사님들과 아신대학교 조직신학 전공 믿음의 지체들, 추천사를 써주시고 함께 사역할 수 있도록 배려해주신 이곳 즈볼러한인교회 이정훈 담임목사님과 성도님들께도 감사를 드립니다.

무엇보다 뜻밖의 사고로 사지마비로 휠체어로 생활하게 되었지만 목회와 신학 연구를 지금과 같이 할 수 있도록 손과 발이 되어 27년 동안 동행해 준 사랑하는 아내 이미경 권사에게 가장 큰 감사를 돌립니다. 아울러 아이들이 어린 시절 함께 많은 시간을 갖지 못했지만, 이제는 신앙생활과 직장 생활에서 자기 역할을 충실히 감당하는 사랑하는 제응이와 예은이에게도 고마운 마음을 전합니다.

끝으로 본 번역 시리즈 출판을 결정해 주신 기독교문서선교회(CLC) 박영호 대표님께 감사를 드리며, 특별한 관심과 전문성으로 편집에 수고해 주신 이신영 간사님과 관계된 모든 분께 감사를 드립니다.

아울러 이 책의 독자들이 본 시리즈를 통해 그리스도께로 더욱 돌이키고, 그 안에서 이 시대의 영을 분별하며, 삶의 모든 영역에서 하나님의 영광을 위한 우리의 소명이 무엇인지를 분별하고 그 부르심에 헌신하는 데 조금이라도 격려와 도움을 받기를 소망합니다.

2024년 8월, 네덜란드 위트레흐트신학대학교 신칼빈주의연구소에서

서론

1. 바빙크 주제별 선집 시리즈 목적

이 번역 시리즈는 한국에서 가장 저명한 개혁주의 신학자 중 한 명으로 인정받는 헤르만 바빙크의 사상과 저서를 소개하는 데만 초점을 맞추지 않습니다. 본 시리즈의 목적은 19세기 후반과 20세기 초 카이퍼와 함께 칼빈주의 부흥을 이끌었던 헤르만 바빙크의 이상(ideals)을 우리 시대의 맥락에서 재조명하는 데 있습니다.

이를 통해 다양한 측면에서 도전을 받는 오늘날 한국 교회가 의미 있는 성경적 통찰력을 얻을 수 있을 것입니다.

데이비드 웰스(David Wells)에 따르면 서구 기독교는 특별히 유럽에서 현재 생존 자체가 위태로운 갈림길에 서 있습니다. 이러한 추세는 미국에서도 발생하고 있는 것으로 보이지만 여러 가지 긍정적인 측면도 함께 있어 유럽의 상황과는 다소 다른 것으로 보입니다.[1]

---

[1] David Wells, "The Supremacy of Christ in a Postmodern World by Dr David Wells," https://www.youtube.com/watch?v=074djjw1G9w&list=PL9ipsMVn3xMBfxyjNC-daubH9wLyoEu58A

150년이라는 짧은 역사 속에서 한국 개신교는 서구 기독교의 특징과 장점을 많이 공유할 정도로 발전해 왔습니다. 그런데도 오늘날 한국 교회가 직면한 도전들은 과거 서구 기독교가 직면했던 도전들과 유사하다는 점을 주의 깊게 인식할 필요가 있습니다.

19세기 말과 20세기 초 네덜란드에서, 전통적인 기독교는 신학을 포함한 다양한 분야에서 광범위하게 거부되었고 시대에 뒤떨어진 과거 유산으로 간주되었습니다. 당시 네덜란드 교회가 직면했던 도전들의 상당 부분은 종교에 대한 회의주의와 무관심이라는 근대와 현대의 반기독교적 경향에 기인합니다.

이러한 시대적 배경에서 바빙크와 카이퍼는 기독교의 본질에 충실하면서 기독교적 삶의 원리와 기독교적 세계관을 삶의 모든 현장에 적용하려고 노력하여 19세기 말과 20세기 초 네덜란드 칼빈주의 부흥을 주도했습니다.

당시 네덜란드의 상황은, 무교가 인구 전체의 50퍼센트가 넘고 교회에 대한 무관심과 비난이 증가하는 한국 기독교와 교회가 현재 직면한 도전들과 유사합니다.

한국 교회가 현재의 도전을 어떻게 극복하느냐에 따라 미래의 상태가 결정될 것입니다. 한국 교회의 미래는 유럽과 북미 교회 상황의 현재 스펙트럼 중 어딘가에 속할 수 있습니다. 또는, 현재 서구 교회의 상태보다 더 긍정적이고 적절한 방향으로 나아갈 수도 있습니다.

오늘날 한국 교회가 직면한 도전들과 비슷한 환경 속에서 칼빈주의 부흥을 이끌었던 바빙크의 관련 저서들을 살펴보면서 의미 있는 통찰력을 얻는 것이 본 시리즈의 목적입니다.

첫째, 이 시리즈는 기독교의 본질을 검토하는 것으로 시작하여 성도들의 신앙과 삶의 궁극적인 목표인 그리스도께로, 특별히 창조와 재창조의 영원한 중보자인 그리스도께 더욱 돌아가는 데 중점을 둡니다.

둘째, 이러한 기독교의 본질을 배경으로 이 시대의 영의 영향을 식별하고 평가하여 우리가 직면한 영적 싸움의 본질이 무엇인지를 파악하고자 합니다.

셋째, 어제나 오늘이나 변함없는 그리스도와 그의 복음의 보편성 속에서 개인과 교회와 국가의 소명과 부흥의 방향을 모색하고자 합니다.

바빙크 선집 시리즈는 이러한 내용과 순서로 구성되어 있습니다. 처음에는 바빙크의 신학을 접하지 않았거나 이전에 신학을 공부한 적이 없는 일반 성도를 주요 대상으로 삼았으나, 이 번역 시리즈는 바빙크의 신학에 관심이 있는 모든 사람에게 포괄적인 정보를 제공할 수 있습니다.

과거에 교회와 성도는 진리가 무엇인가를 두고 싸웠습니다. 지금은 이러한 싸움을 지속하는 가운데, 과연 진리가 있느냐 여부를 두고 싸우고 있습니다.

이러한 현상은 20세기 초에 이미 등장했습니다. 바빙크는 당시 모든 분야를 이끄는 자율성(autonomy)에 대항하여 신율(theonomy)을 강조하였습니다. 그는 기독교 세계관에 관하여 다음과 같은 결론을 내렸습니다.

> 하나님의 말씀과 율법의 이러한 객관성을 유지하면서 모든 그리스도인은 단결해야 하며, 이 시대에도 함께 연합해야 합니다. 왜냐하면, 이제 싸움은 더이상 교황이나 공의회의 권위, 교회나 신앙고백의 권위에 관한 것이 아니며, 심지어 수많은 사람에게 성경이나 그리스도의 권위에 관한 싸움도 아니기 때문입니다. 그러나 제기된 문제는 가능한 한 근본적으로 인간을 구속하는 권위와 법이 여전히 존재하는지 여부입니다. 이것이 바로 "가치 전도"(*wertung*)이며, 우리는 모두 이를 보고 있습니다. "가치 전도"는 우리 눈앞에서 일어나는 (이 시대를 지배하는) 진화로 구성됩니다. 그리

고 그 투쟁에서 기독교 신앙을 고백하는 모든 사람은 진리의 왕의 깃발 아래 서야 합니다.²

우리 모두 진리 그 자체가 되시는 진리의 왕 그리스도의 깃발 아래 모이기를 소망합니다.

2. 바빙크 주제별 선집(전 6권) 권별 목차

* 네덜란드어 제목은 출판된 경우 기울움체로 기타 경우는 인용 부호로 표시하였음.
* 전체 번역이 아닌 해설의 경우 '해제' 용어를 추가하였음.
* 참조할 2차 문헌에 기호(*)를 포함하여 추가하였음.

---

2   Herman Bavinck, *Christelijke Wereldbeschouwing*, 2nd Revised Edition(Kampen: J. H. Kok, 1913), 103.

제1권 『기독교의 본질』

1. 『기독교』(*Het Christendom*, 1912)
2. 기독교의 본질("Het Wezen des Christendoms," 1906)
3. 그리스도와 기독교("Christ and Christianity," 1916)
4. B. B. 워필드의 "그리스도 없는 기독교"의 결론(바빙크의 글 인용)

제2권 『믿음의 본질』

5. 신앙학(信仰學, "Geloofswetenschap," 1880)
6. 기독교 믿음("Het Christelijk geloof," 1883)
7. 세상을 이기는 믿음("De wereldverwinnende kracht des geloof," 1901)
8. 믿음의 철학("De zekerheid des geloofs," 1901)
9. 믿음과 지각("Geloof en aanouwing," 1902)
10. 믿음과 사랑("Geloof en liefde," 1909)
*11. "헤르만 바빙크의 믿음의 확실성에 대한 강연(1901)"(H. 판 덴 벨트, 2017)
*12. 『개혁교의학』에서 신학의 원리에서 신앙과 구원론에서 믿음 해제

제3권 『이 시대의 영의 영향』

13. "시대의 영의 매일철학"(der "Tagesphilosophie" van den tijdgeest in "De toekomst van het Calvinisme," 1884)
14. 리츨(Albrecht Ritschl)의 신학("De Theologie van Albrecht Ritschl," 1888)
15. 최근 네덜란드 신학 경향("Theologische richtingen in Nederland," 1892)
16. 창조냐 발전이냐("Schepping of ontwikkeling," 1901)
17. 근대주의와 정통(*Modernisme en Orthodoxie*, 1911)
18. 『하일라우머 흐룬 판 프린스테레르』 서문("Voorrede in Guillaume Groen van Prinsterer," 1904)
*19. "프랑스 혁명에 대한 헤르만 바빙크와 신칼빈주의 개념"(조지 하린크, 2017)

제4권 『보편성』

[1. 보편성 개념]

20. 기독교와 교회의 보편성(*De katholiciteit van christendom en kerk*, 1888)
21. 일반 은혜(*De algemeene genade*, 1894)
22. 칼빈과 일반 은혜("Calvin and Common Grace," 1909)
*23. 존 머레이의 일반 은혜(1952)
*24. "자연과 은혜"(*in Revelatie en Inspiratie*, J. 페인호프, 1968)
*25 "하나님 나라의 이중성에 대한 반응"(넬슨 D. 클루스터만, 2010)
*26. "계시로서의 종교? 개혁파 정통주의에서 신칼빈주의적 접근으로의 헤르만 바빙크의 관점의 발전"(H. 판 덴 벨트, 2013)
27. 교의학 체계의 장단점("Het voor en tegen van een dogmatisch systeem," 1881)
28. 폴라누스의 『순수통합신학』 서문("Praefatio," in Synopsis purioris theologiae, 1881)
29. 신학에서 이원론("Het dualisme in de Theologie," 1887)
30. 존 칼빈: 그의 400번째 생일 기념강의: 1509.7.10-1909(*Johannes Calvijn: Eene lezing ter gelegenheid van den vierhonderdsten gedenkdag zijner geboorte: 10 Juli 1509-1909*, 1909)

[2. 보편성 측면에서 주요 작품 해제]

*30. 『개혁교의학』에서 선택과 언약에 대한 해제
*31. 『개혁교의학』에서 신학의 원리에 대한 해제
*32. 『개혁파 윤리』에서 보편성에 대한 해제
*33. 『기독교 세계관』(1904)에서 보편성에 대한 해제
*34. 『계시 철학』(1908)에서 보편성에 대한 해제
*35. 『종교와 학문에 관한 에세이 선집』(1921)에서 보편성에 대한 해제

제5권 『성경적인 개인적, 교회적, 국가적 소명과 부흥』

37. 하나님 나라와 최고선("Het rijk Gods, het hoogste goed," 1881)
38. 칼빈주의의 미래("De toekomst van het Calvinisme," 1894)
39. 오늘날 사회 문제에 대한 일반적인 성경적 원리와 구체적인 모세 율법과의 관련성("Welke algemeene beginselen beheerschen, volgens de H. Schrift, de oplossing der sociale quaestie, en welke vingerwijzing voor die oplossing ligt in de concrete toepassing, welke deze beginselen voor Israel in Mozaisch recht gevonden hebben?" 1891)
40. 『계시 철학』에서 "계시와 문화"("Openbaring en cultuur," *Wijsbegeerte der openbaring*, 1908)
41. 네덜란드에서 개혁교회("The Reformed Churches in the Netherlands," 1910)
*42. "신칼빈주의와 민주주의: 19세기 중반부터 2차 세계 대전까지의 개요" (조지 하린크, 2014)
43. 그리스도를 본받아("De Navolging van Christus," 1885/1886)
44. 그리스도를 본받아와 현대 생활(*De navolging van Christus en het moderne leven*, 1918)

제6권 『선별된 자료들에서의 신학적 함의』

45. 초자연주의와 자연주의 일원론
46. 기독교 세계관과 철학적 기반
47. 영원한 중보자 그리스도: 그리스도의 중보자직의 보편성
48. 그리스도의 신성에 관한 믿음과 지식의 통합
49. 칼빈주의 부흥의 관점에서 한국 교회와 네덜란드 신칼빈주의 부흥에서 복음주의적 공동 유산

3. 바빙크 주제별 선집 권별 내용

전 6권으로 기획된 바빙크 주제별 선집은 다음의 순서와 내용으로 기획되었습니다. 아래는 각 권의 목차와 개괄적인 내용입니다.

제1권 『기독교의 본질』

다른 모든 종교와 구별되는 기독교의 본래적이고 유일한 특징은 기독교에서 그리스도의 위치입니다.

다른 종교들에서는 교주의 가르침이나 구원을 제시한 방법만 알려지면, 교주의 이름이 잊혀도 그 종교는 유지됩니다. 그러나 기독교에서 그리스도는 기독교 그 자체입니다. 기독교와 복음의 주체와 객체, 내용 자체입니다.

예수님은 단순히 구약의 예언을 성취하신 그리스도가 아닙니다. 예수님은 그리스도 중에서 특별한 그리스도, 본래부터 하나님의 아들이시며 때가 찼을 때 성육신하신, 구약의 족장들에게 나타나셨던 여호와이십니다.

예수님이 하나님 아들 되심이 그의 그리스도 사역의 기반이 됩니다.

이로부터, 다른 모든 종교는 교주의 가르침인 교주가 제시하고 그 자신도 따랐던 구원의 길을 통해서 구원을 받으려는 자력 종교지만, 기독교는 그리스도를 믿음으로 구원을 받는 은혜의 종교가 됩니다.

따라서, 기독교의 본질은 그리스도의 신성에 기반을 둔 삼위일체와 그 사역에 있습니다.

1. 『기독교』(*Het Christendom*, 1912)

바빙크는 여러 종교를 소개하는 "위대한 종교들 시리즈"에서 기독교를 소개합니다.

예수님이 그리스도, 하나님의 아들이심에 대한 성경적 증거와 이 신앙고백이 초대 교회에서 기독론으로 정립되는 과정 그리고 기독교 역사에서의 동방교회와 서방교회의 관계와 특징, 종교개혁 과정과 그 역동성, 17세기부터 19세기까지 여러 기독교적 분파와 관련 사상의 특징을 소개하고, 결론적으로 하나님 말씀의 능력과 전망을 전합니다.

기독교의 본질에 대하여 다른 관점을 가진 사람들에 대한 태도와 관련한 바빙크의 말도 함께 생각해 볼 필요가 있습니다.

> 미움은 눈을 멀게 하지만 사랑은 종종 대상을 보다 선명하게 보게 합니다 (『기독교』, 67).

2. 기독교의 본질 ("Het Wezen des Christendoms," 1906)

바빙크는 "기독교의 본질"에서, 당시 고등비평과 역사적 예수 연구 출현으로 저마다 기독교의 본질을 주장할 때, 이러한 연구들의 밑바탕에 처음부터 성경이 증거하는 예수 그리스도에 대한 신앙이 없음을 논증합니다.

그가 주로 활동했던 19세기 말과 20세기 초에는 18세기 계몽주의 이후 모든 권위와 진리에 대한 근본적 의심이 만연하였습니다. 이러한 시대적 배경 속에서, 그리스도의 신성과 부활과 같은 기적과 초자연적인 실재는 거부되었고, 모든 것을 자연 과학의 원리에 귀속시키려는 거대한 흐름이 진행되었습니다. 그리고 이는 하르낙의 "기독교의 본질" 관련 강의에서 그 정점에 도달했습니다.

바빙크는 18세기 이후 진행된 기독교 본질 연구에 대한 전반적인 경향을 소개하면서, 하르낙의 기독교 본질을 엄밀하게 분석합니다. 그는 하르낙이 새롭게 주장하는 기독교의 본질과 전통적인 기독교의 본질과 차이는 역사적 방법을 사용했느냐 또는 전제(presupposition)가 있었느냐 하는 문제가 아니라, 결국 처음부터 성경이 증거하는 그리스도에 대한 신앙을 거부하고 이를 개인의 견해를 대체한 것에 지나지 않음을 논증합니다.

3. 그리스도와 기독교("Christ and Christianity," 1916)

바빙크는 "그리스도와 기독교"에서 기독교와 다른 모든 종교의 유일한 차이점(기독교에서 그리스도의 위치)이 계속 언급되어 온 것을 강조하는 것으로 첫 문장을 시작합니다.

영문 신학 학술지에 기고했던 "그리스도와 기독교"는 영어 번역자가 『기독교』의 일부 내용을 편집하여(paragraphing) 기고한 것으로 널리 알려졌습니다.

필자가 자유대학교 방문 연구원으로 있는 동안, 2021년 바빙크의 "그리스도와 기독교" 자필 원고를 보면서, 필요한 내용을 확인하였고 연구소의 관련 교수님들과도 내용을 공유했습니다.

바빙크는 "그리스도와 기독교"의 모든 내용을 직접 네덜란드어로 작성했고, 그중에 출판된 『기독교』의 II장(예수가 그리스도 하나님의 아들이심에 대한 성경 증거) 내용은 그대로 번역하도록 『기독교』에서의 해당 페이지를 원고에 메모로 표시했습니다.

바빙크는 1912년 『기독교』의 내용 중 기독교가 다른 종교와 구별되는 특징과 이에 대한 성경적 증거를 함축적으로 별도로 제시하기 위하여 1916년 "그리스도와 기독교"를 작성하였습니다. 이는 그가 이 주제에 관하여 얼마나 관심이 있었는지를 보여줍니다.

제2권 『믿음의 본질』

바빙크는 믿음의 본질에서, 믿음과 지식의 관계(신앙학, 믿음과 지각), 믿음과 사랑의 관계 등 다양한 측면에서 믿음의 본질이 논의됩니다. 아울러 믿음이 지·정·의의 전인(全人) 반응임을 강조합니다(믿음의 철학).

그리스도인의 믿음은 역사적 사실에 대한 단순한 동의가 아니라 살아계신 그리스도와 삼위 하나님에 대한 인격적 신뢰입니다. 따라서, 믿음은 분명 은혜로 주어지지만, 이 믿음은 환란 속에서도 이를 극복하는 역동적인 것(기독교 믿음, 세상을 이기는 믿음)이며, 사랑을 활력 있게 하여 하나님과 이웃을 섬기게 할 뿐만 아니라 불의에 굴복하지 않고 정의를 실현하게 합니다(믿음과 사랑).

다양한 글을 통해서 제1권 『기독교의 본질』에서 언급되었던 하나님의 아들 예수 그리스도에 대한 믿음의 본질적 측면과 그로부터 파생되는 믿음의 역동적 측면을 경험해 보시기를 바랍니다.

1. 신앙학(信仰學, "Geloofswetenschap," 1880)

바빙크는 "신앙학"에서 역사적으로 상당한 논쟁을 불러일으킨 주제인 신앙과 지식 사이의 복잡한 관계를 탐구하면서, 글 제목을 '물리학', '생물학'과 같이 신앙의 학문이란 의미로 '신앙학'(Geloofswetenschap)으로 붙였습니다.

이 논문은 역사적으로 많은 논쟁을 일으킨 주제인 신앙과 지식의 명확한 구분에 반대합니다. 바빙크는 이러한 구분이 인간 경험의 통합성과 일관성을 약화한다고 주장하면서, 신앙과 지식이 서로 의존하고 강화하는 관계임을 강조합니다.

바빙크는 신앙이 본질에서 지식의 요소를 포함하며, 인식된 동기에 기반하여 진리를 인정하는 의지를 드러낸다고 제안합니다. 반대로, 모든 형태의 지식은 실증적 관찰과 이성적 추론에 기반을 두더라도 궁극적으로는 신앙에 의해 받아들여진 기본적인 믿음이나 공리에 의존합니다.

결론적으로, 바빙크는 신앙과 지식 사이의 엄격한 분리가 실제로 가능하지도 않고, 바람직하지도 않다고 주장합니다. 대신, 그는 신앙과 지식을 인간 인식의 상호 연결된 두 가닥으로 보며, 각각이 다른 하나를 풍부하게 하고 깊이를 더하는 데 기여한다고 강조합니다.

바빙크는 신앙과 지식의 본질적인 상호 관계를 인정하면서 신앙과 지식의 특수성을 존중하는 '신앙학' 개념을 옹호합니다.

2. 기독교 믿음 ("Het Christelijk geloof," 1883)

바빙크는 "기독교 믿음"에서 기독교 믿음의 본질을 탐구하며, 신자의 삶에서 변혁적인 성격을 강조합니다.

바빙크는 과거 기독교공동체의 깊고 실질적인 믿음과 현대 시대의 넓지만 종종 피상적인 기독교 이해를 대조합니다. 바빙크는 참된 기독교 믿음은 단순한 교리적 진리의 인정을 넘어서는 근본적인 신뢰와 의존을 구현하며, 보이는 세계의 현실과 가치에 도전하고 종종 그에 반하는 것이라고 설명합니다.

이러한 믿음은 삼위일체 하나님 – 아버지, 아들, 성령 – 과의 깊은 관계에 뿌리를 두고 있으며, 이 관계에 참여함으로써 변혁된 삶을 통해 세상을 인식하고 참여하는 독특한 방식을 이끕니다.

바빙크는 참된 기독교 믿음이 반대나 박해에 직면했을 때도 활기차고 흔들리지 않는 믿음의 고백으로 이어진다고 주장합니다. 이는 하나님의 주권, 그리스도의 구속 사역, 성령의 중생 능력을 인정하는 믿음이며, 따라서 소망, 목적, 도덕적 방향성에 대한 확고한 기반을 제공합니다.

바빙크는 기독교 복음에 기반을 두고 삶을 변화시키며 그러한 삶을 지속하게 하는 활동적인 믿음의 필요성을 강조하며 결론을 맺습니다.

3. 세상을 이기는 믿음("De wereldverwinnende kracht des geloof," 1901)

바빙크는 "세상을 이기는 믿음" 설교을 통해 진정한 기독교 믿음의 강력하고 변혁적인 본질을 설명합니다.

바빙크는 믿음이 겪는 대결을 논하며, 신자의 믿음과 세속적 힘 사이의 격렬한 대립을 강조합니다. 그는 믿음, 특히 예수를 하나님의 아들, 그리스도로 인정하는 믿음이 세속적 원칙과 힘에 근본적으로 반대한다는 것을 설명하면서, 변덕스러운 세속적 유혹과 지속적인 기독교 믿음의 진리 사이의 뚜렷한 대조를 그립니다.

특별히, 바빙크는 믿음의 승리를 위한 측면을 자세히 설명하며, 역사적 예시와 성경적 확증을 통해 믿음이 세상의 제약을 어떻게 극복하는지를 보여줍니다.

믿음은 수동적이지 않으며, 오히려 적극적으로 세상의 도전에 맞서고 시련을 견디게 하고, 신자들을 신적 진리와 의로움에 관한 궁극적 승리로 인도합니다.

요약하면, 진정한 기독교 믿음은 단순히 세속적 대립을 견디는 것뿐만 아니라, 개인적이고 공동체적 승리를 하나님의 진리와 의로움에 따라 촉진하는 역동적이고 변혁적인 힘 그 자체입니다.

4. 믿음의 철학("De zekerheid des geloofs," 1901)

바빙크는 "믿음의 철학"을 통해 믿음에서 지적인 측면이 감정이나 의지적 측면보다 더 중요한 위치를 차지하지만, 믿음이 감정(경험)에 근거하는지(슐라이어마허), 윤리에 근거하는지(칸트)에 관한 논의는 의미가 없음을 논증합니다.

왜냐하면, 구원의 서정을 고려할 때 그리스도인들의 믿음은 중생을 통해 전인이 변화된 상태에서의 반응이기 때문입니다. 믿음의 수용은 인간 마음의 가장 깊은 곳 '종교의 씨앗', '신적인 감각', 즉 하나님을 인지하고 만나는 곳에서 이루어집니다. 마음의 가장 깊은 곳으로부터 지·정·의와 같은 모든 믿음의 요소가 나오기 때문에 그리스도인들의 믿음은 통합적이고 전인적입니다.

5. 믿음과 지각("Geloof en aanouwing," 1902)

바빙크는 "믿음과 지각"을 통해 기독교 신학적 맥락에서 믿음과 지각 사이의 상호 작용을 논의하며, 타락 이후에도 존재하는 진리와 지식에 대한 본질적인 인간의 열망을 강조합니다.

인간은 하나님의 형상으로 창조되었으며, 창조주로부터 의로움과 거룩함뿐만 아니라 외부 세계와 내부 세계를 인식하고 이해할 수 있는 지식도 부여 받았습니다.

인간의 타락이 지식을 훼손하고 진리를 가렸음에도 불구하고, 완전한 절망이나 무관심에 저항하는 신적인 불꽃이 끊임없이 진리를 추구하게 합니다.

바빙크는 지식을 획득하는 다양한 철학적 접근 방식을 비교하며, 감각 경험과 이성적 사고의 우선성에 대한 논쟁을 강조합니다. 그는 관찰과 사고의 이분법을 비판하면서, 진리를 판별하는 데 있어서 이 둘의 보완적 역할을 옹호합니다. 또한, 믿음(말씀과 하나님의 계시에 대한 의존)과 직접적 관찰 사이의 방법론적 이분법을 탐구하며, 둘 다 지식에 이르는 필수적이고 상호 의존적인 경로임을 주장합니다.

특히, 바빙크는 개혁교회 내에서 공식 예배문 텍스트를 확립하는 역사적 과정을 비평적으로 검토하며, 텍스트의 진정성과 권위를 둘러싼 복잡하고 논쟁적인 논의를 보여줍니다.

요약하면, 바빙크는 이성, 관찰, 믿음을 통한 진리 추구에 대한 지속적인 인간 노력과 함께, 종교적 전통을 믿음과 학문으로 발전시키려는 요구와 조화시키는 도전을 잘 보여주고 있습니다.

6. 믿음과 사랑 ("Geloof en liefde," 1909)

바빙크는 "믿음과 사랑"에서 기독교가 말하는 믿음과 사랑의 관계를 깊이 있게 탐구합니다.

바빙크는 믿음과 사랑이 본질에서 연결되어 있고 조화롭게 공존해야 하지만, 그 표현과 함의에서 구별된다고 주장합니다.

종교적으로 깊이 헌신되어 있음에도 불구하고, 이웃에 대한 진정한 사랑이 부족한 일부 사람들의 경우, 그들의 믿음은 위선이라는 오해를 받을 수 있습니다.

바빙크는 진정한 기독교적 믿음은 사랑을 통해 적극적으로 나타나야 함을 명확히 합니다. 기독교 믿음은 역사적 사실에 대한 동의가 아니라 예수 그리스도를 통해 드러난 하나님의 은혜에 대한 개인적인 신뢰입니다. 이러한 믿음은 칭의, 성화, 그리고 궁극적으로 복되게 함을 끌어내며, 기독교 믿음을 모든 다른 종교적 확신과 구별 짓습니다.

동시에, 기독교 사랑은 연민을 구현할 뿐만 아니라 정의를 충족하고 유지하는 데 고유한 헌신을 하게 합니다. 기독교 믿음이 사랑을 활력 있게 하고, 믿음에서 비롯된 사랑이 강하고 원칙적이며 하나님을 영화롭게 하고 이웃의 복지를 보장하려는 정의로 인도됩니다.

결론적으로, 믿음에 뿌리를 둔 사랑이 전체적이고 통합적인 선을 추구하게 합니다.

7. 『개혁교의학』 1권 "신학의 원리"

바빙크는 『개혁교의학』 1권 "신학의 원리"에서 신앙의 본질 측면을 다루면서 성령의 사역을 강조합니다. 왜냐하면, 그리스도인의 신앙은 그 기원, 방법, 내용 모두 하나님에게서 나오고 성령의 내적 사역을 통해서만 수용할 수 있기 때문입니다. 바빙크는 포괄적인 측면에서 성령의 조명보다 내적 사역이라는 용어를 더 선호합니다.

반면에 『개혁교의학』 4권 "구원론"에서 믿음은 예수 그리스도에 대한 사도들의 증거를 받아들이는 데 있습니다. 따라서, 구원 얻는 믿음은 성경이 하나님 말씀이라는 믿음을 포함합니다.

이러한 믿음에 대한 전제 가운데, "신앙의 확실성"에서는 모든 권위가 거부되던 시대적 배경에서 확실성에 관한 개념, 확실성에 도달하는 방법론 그리고 이와 연관된 기독교 신앙의 독특한 본질과 능력에 관해서 전반적으로 다룹니다.

제3권 『시대의 영의 영향』

제3권 이후 번역 시리즈 소개는 세부 책이나 논문별로 구분하지 않고 전체적인 특성을 소개하는 것으로 대체하겠습니다.

바빙크는 근·현대에 나타나는 거대한 반기독교적 시대적 흐름의 본질을 "신앙과 불신앙, 복음과 혁명 사이의 가장 심오한 원리들의 거대한 싸움"으로 정의했습니다.

제3권 제목을 '시대의 영'으로 표현한 것은 바빙크가 고린도후서 4장 4절의 의미로 불신앙의 영의 활동에 관해서 관련된 용어들을 사용하기 때문입니다.

> 그중에 이 세상의 신이 믿지 아니하는 자들의 마음을 혼미하게 하여 그리스도의 영광의 복음의 광채가 비치지 못하게 함이니 그리스도는 하나님의 형상이니라 (고후 4:4, 개정).

신앙과 불신앙의 원리들의 거대한 싸움은 교회와 영적 영역에서뿐만 아니라 학교, 문화, 정치, 예술 등 모든 분야로 확대되었습니다.

독일에서 처음 사용한 '세계관'(*Weltanschauung*)이라는 용어가 제임스 오르(James Orr)에 의해서 신학에 받아들여졌을 때, 카이퍼와 함께 바빙크는 이 용어를 '세계와 삶에 대한 관점'(wereld en levensbeschouwing, 세계관)으로 받아들였습니다. 그리스도인들이 이제 교회와 영적 영역뿐만 아니라 삶의 모든 영역에서 기독교 세계관으로 신앙과 불신앙의 싸움에 동참해야 하는 것으로 이해했기 때문입니다.

여기서 보편적인 유신론의 초자연주의적 세계관과 이신론과 범재신론과 같은 자연주의적 일원론 세계관이 대립합니다. 바빙크는 근·현대 정신을 지배하는 자율성에 반대되는 신율성의 정당성을 주장하였고, 현재 세계는 더 높은 질서의 보이지 않는 세계의 지배를 받고 있다는 유신론적 초자연주의가 인류가 보편적으로 유지해 온 세계관임을 옹호합니다.

초자연주의적 세계관의 참된 실현이 기독교에서 이루어졌고, 이러한 초자연주의의 중심에 창조와 재창조의 중보자이신 그리스도의 중보자직의 보편성이 있습니다.

제4권 『보편성』

바빙크에게 있어 보편성은 그의 생애와 사상 전체를 관통하는 중심 개념이기 때문에 자연과 은혜의 관계, 즉 자연-은혜 모티프(motif)의 정황에서 좀더 자세하게 언급될 필요가 있습니다.

한 사람의 작품을 잘 이해하기 위하여 그가 가졌던 신앙의 특성을 아는 것은 매우 중요합니다. 예를 들어, 하나님을 경외하고 사랑하는 것을 경건이라고 정의하고 평생 이 경건을 추구했던 칼빈의 신앙을 알 때, 그의 『기독교 강요』와 주석을 더욱 쉽게 이해할 수 있게 되는 것과 같습니다.

바빙크와 연관하여 따라다니는 수식어로 보편성, 일반은혜 그리고 자연-은혜 모티프: 자연과 은혜의 관계, 또는 특별계시와 일반계시의 관계와 같은 용어들이 자주 사용됩니다.

이러한 용어들 사이의 관계와 중심적인 주제는 무엇일까요?

바빙크는 당시 국가 주도 교회에서 탈퇴한 분리파의 경건한 입장을 존중하고 따랐지만, 동시에 경건이라는 명분으로 일반 사회와 문화와 분리되는 것을 계속 경계하였습니다.

사실 이 문제는 모든 그리스도인이 갖는 영적인 가치와 일반적인 선의 관계, 일상적인 일과 영적인 일의 관계에 관한 의문이나 고민과도 같습니다.

현실적인 삶을 살면서도 실제로는 세상을 떠난 재세례파와 같은 입장을 보일 수도 있고, 기독교의 본질을 벗어나 시대적 조류와 세상에 동화되는 소시니안주의나 이른바 신-개신교주의 입장을 보일 수도 있습니다.

이 두 양극단을 제외하고는, 대부분 성도가 그 중간 어느 지점에서 이 둘의 관계를 바라보고 있습니다. 각자가 가진 영적인 가치와 일반적인 선의 관계에 관한 개인적 입장은 결국 자연과 은혜의 관계(또는 특별계시와 일반계시의 관계 등)에 대한 관점으로부터 나온다고 바빙크는 파악했습니다. 그리고 영원한 중보자 예수 그리스도와 그의 복음 안에서 영적인 가치와 일반적인 선의 조화와 균형 그리고 통합을 찾고 추구했습니다.

따라서, 자연과 은혜의 관계와 그리스도의 중보자직의 보편성, 이 두 가지는 바빙크의 생애와 신학 그리고 사상의 중심을 차지합니다.

요약하면, 기독교와 일반 문화의 관계에 대한 개인의 관점은 그가 영적인 것과 일상적인 것을 어떤 관계로 보느냐에 따라 결정됩니다. 왜냐하면, 일반계시와 특별계시의 관계에 대해 어떤 관점을 갖느냐가 복음에 관한 이해와 사회적 참여의 성격을 결정해 주기 때문입니다.

바빙크는 이것을 자연-은혜의 모티프(nature-grace motif)와 연관하여, 자연과 은혜의 관계, 창조와 재창조의 관계로 말하기도 합니다. 그는 이 두 요소 사이의 조화와 연합을 기독교 복음과 그리스도의 보편성에서 찾았습니다.

첫째, 일반계시와 특별계시의 관계의 중요성을 살펴보고자 합니다.

바빙크는 1888년 "기독교와 교회의 보편성"에서 다음과 같이 말합니다.

> 모든 기독교인이 고백하는 교회의 보편성은 기독 종교의 보편성을 전제로 합니다. 이것은 기독교가 지리, 국적, 장소, 시간과 관계없이 만민을 다스리고 모든 피조물을 거룩하게 해야 하는 세계 종교라는 확신에 근거합니

> 다. … 우리의 교회론이 (영적 삶에만 국한되어) 협소해지느냐, (영적 삶과 함께 삶의 모든 영역으로 확대되어) 넓어지느냐는 기독 종교의 보편주의에 대한 우리의 개념에 달려 있습니다. 우리가 은혜를 자연에, 재창조를 창조에 어떻게 연관시키는지에 따라 교회론적 시야가 넓어질지 좁아질지가 결정됩니다. 교회의 보편성과 기독교 보편주의에 대한 확증은 오류와 분열이 만연해 있는 우리 시대에 가장 중요한 일입니다.³

바빙크의 자연과 은혜, 창조와 재창조의 관계에 대한 관점의 중요성은 1894년 "일반은혜"에서 다음과 같이 더 포괄적으로 제시되었습니다.

> 모든 심각한 질문의 밑바닥에는 그 자체로 동일한 문제가 있습니다. 신앙과 지식의 관계, 신학과 철학의 관계, 권위와 이성의 관계, 머리와 마음의 관계, 기독교와 인류의 관계, 종교와 문화의 관계, 천상의 소명과 지상 소명의 관계, 종교와 도덕의 관계, 말씀 묵상과 행함의 관계, 안식일과 평일의 관계, 교회와 국가의 관계, 이 모든 것과 함께 다른 많은 질문은 창조와 재창조, 아버지의 일과 아들의 일 사이의 관계를 어떻게 보느냐에 의해 결정됩니다. 단순하고 평범한 사람도 자신의 지상적 소명과 천상적 소명 사이에 존재하는 긴장을 느낄 때마다 이 싸움에 휘말리게 됩니다.⁴

일반계시를 무시하고 특별계시만 주장하는 급진적인 경건주의는 실제로 사회와 분리된 삶을 추구하게 됩니다. 반면, 일반계시만 강조하는 급진적 자유주의는 기독교의 본질을 떠나게 됩니다.

---

3   Bavinck, "The Catholicity of Christianity and the Church," trans. John Bolt, *Calvin Theological Journal* 27(1992): 221-222.
4   Bavinck, "Common Grace," trans. R. C. van Leeuwen, *Calvin Theological Journal* 24(1989): 55-56.

로마가톨릭은 일반계시와 특별계시가 영원히 만날 수 없는, 독특한 위계질서적인, 즉 자연적 계시 위에 초자연적 계시를 올려놓는 이원론적 세계관을 갖고 있습니다.

바빙크는 자신이 속한 분리파의 경건을 존중하고 그 본질을 따랐지만, 그 경건이 일반 사회와 문화와 분리되어 그리스도인들이 세상을 등지고 사는 것으로 나타날 때, 결국 세상 안에서 우리 자신을 잃어버리는 위험을 맞이할 수 있음을 거듭해서 경계했습니다.

이와 연관하여 바빙크는 1900년 "그리스도인 경건"(Christian Piety)에서 다음과 같이 말합니다.

> 모든 그리스도인은 창조와 재창조, 자연과 은혜, 지상의 소명과 하늘의 소명 등에서, 이 두 가지 요소와의 관계를 분별해야 합니다. 그가 이것들을 서로 어떻게 연결하느냐에 따라 그의 종교적 삶은 다른 성격을 갖게 됩니다. 인간이 하나님과 맺는 관계가 모든 만물과의 관계를 결정합니다. 자연과 은혜 사이에 하나님이 주신 연결을 왜곡하는 사람은, 전자를 후자에 희생시키거나 후자를 전자에 희생시키게 됩니다. 소시니안주의와 재세례파, 합리주의와 신비주의는 길을 잃어버린 그리스도인의 곁길에 해당합니다.[5]

둘째, 일반계시와 특별계시의 관계에서 복음과 그리스도의 보편성입니다.

바빙크에 따르면 그리스도는 창조와 구속의 중보자 그리고 연합의 중보자이기 때문에 그리스도 안에서 일반계시와 특별계시는 서로 구분되는 가운데 하나가 됩니다.

---

[5] Bavinck, "Christian Piety," trans. Willem J. de Wit. https://wjdw.nl/2017/12/13/herman-bavinck-on-christian-piety-and-religious-fanaticism/

바빙크는 이것을 『개혁교의학』에서 그리스도의 로고스와 메시아의 사역으로, 그리스도의 중보자직의 보편성으로 그리고 교회와 일반 문화의 관계에서 그리스도의 현재의 삼중직 등으로 설명합니다. 그의 별도의 작품을 통해서는, 그리스도와 기독교의 보편성과 일반은혜 측면에서 설명합니다. 특별히 인류의 보편적 유신론인 초자연주의 세계관의 중심에 있는 중보자직(Mediator-ship)의 보편성이 강조됩니다.[6]

바빙크에 따르면, 다른 종교와 일반 문화에서 선으로 간주될 수 있는 것은 그 자체의 고유한 가치에 의한 것이 아니라 하나님이 일반계시로 주신 은사에 의한 것입니다(약 1:17).

기독교는 이 일반계시의 결과로 인해 모든 종교와 문화 속에 있는 선을 멸시하거나 적대시하지 않습니다. 다만, 그러한 선에도 많은 오류가 있고, 이러한 선은 구원과는 무관함을 기억해야 합니다.

기독교는 문화 자체를 적대시하지 않고 그 문화 속에 있는 죄와 대립합니다. 기독교는 특별계시를 통해 일반계시로 인한 선을 분별하고 확증하며, 종교와 문화 속에서 각각이 결국 추구하고자 했던 바를 특별계시로 완성해 줍니다.

이에 관하여 다음과 같은 바빙크의 표현이 일반계시와 특별계시와의 관계를 잘 대변해 줍니다.

> 특별계시는 분명히 (타락 이후) 점차 사람들의 삶에 들어온 모든 부패한 것과 반정립적으로 놓여 있습니다. 그러나 특별계시는 계시에 따라 인간의 본성에 처음부터 주어졌고, 후에 인류 안에서 보존되고 증가하여진 모든

6　참조. Cheol-Dong Park, "An Integrative View on Faith and Knowledge of the Deity of Christ in Herman Bavinck: Norms for an Integrative View on Various Aspects of Special Revelation," *Korean Journal of Systematic Theology*, vol. 67(2022): 126-140. 위 본문 작품 소개 참조.

것을 취하고, 확증하고, 완성합니다.⁷

제5권 『개인적, 교회적, 국가적 소명과 부흥』

바빙크는 기독교적 소명을 다음과 같이 다양한 측면에서 제시합니다.

하나님의 나라의 본질과 그리스도의 주권에 기반을 둔 통치 원리로부터 개인적·교회적·학문적·정부적 소명 측면에서("하나님 나라와 최고선," 1881), 카이퍼의 영역 주권과 연관된 하나님의 절대주권에 기반을 둔 모든 삶의 영역에서, 개혁주의 원리 추구 측면에서("칼빈주의의 미래," 1884), 창조에서 보여주는 바와 같이 문화명령과 영적인 하나님과의 교제를 기반으로 신정국가였던 구약 이스라엘에서 율법의 역할 측면에서("오늘날 사회 문제에 대한 일반적인 성경적 원리와 구체적인 모세 율법과의 관련성," 1891), 종합적으로 문화의 기원과 원리를 제시함으로써(『계시 철학』에서 "계시와 문화," 1909), 그리스도인들이 추구해야 할 사회적 책임과 참여 원리를 제시합니다.

특별히 네덜란드 역사에서 이러한 부흥이 어떻게 이루어졌는지에 관하여, 이른바 종교개혁 후 황금 시기를 통해 제시합니다.

---

7 『계시 철학』에 대한 두 영어 번역본 모두 일반계시 때문에 이루어지고 증가하는 것을 과거완료로 번역하였습니다. 하나님의 보존 사역이 계속되는 것과 네덜란드어 원본에서 사용된 단어의 시제 모두에서, 문맥과 문법상 현재완료의 의미로 번역하는 것이 타당합니다. 해당 동사를 이탤릭체로 표시하였습니다. Bavinck, *Philosophy of Revelation: A New Annotated Edition,* eds. Brock, Cory, and Sutanto, Nathaniel Gray(Peabody MA: Hendrickson Publishers, 2018), 142; Bavinck, *The Philosophy of Revelation: The Stone Lectures for 1908–1909,* Princeton Theological Seminary(New York: Longmans Green, 1909), 170. Bavinck, *Wijbijzondere der Openbaring: Stone Lezingen voor het Jaar 1908, Gehouden te Princeton N. J.*(Kampen: J. H Kok, 1908), 160; Daarom staat de bijzondere openbaring wel antithetisch tegenover alle bederf, dat bij de volken langzamerhand ingetreden is, maar zij neemt op, bevestigt en voltooit, al wat er van den beginne aan door openbaring in de menschelijke natuur *is gelegd* en later in de menschheid *is bewaard en vermeerderd.*

교회가 전성기였던 시기는 교회와 연방과의 긴밀한 동맹으로 인해 공화국이 가장 번영하던 시기였으며, 신앙이 쇠퇴하면서 국가도 몰락하게 되었습니다. 17세기 중반에 교회와 연방은 권력의 정점에 도달했습니다. 신학은 최고의 학자들에 의해 배양되었습니다.

국내외에서 가장 뛰어난 인재를 배출한 대학은 유명하고 큰 매력의 중심지가 되었습니다. 예술과 과학이 번성했습니다. 문학의 황금시대였습니다. 무역과 산업이 발전했고 결과적으로 부와 호화로움이 증가했습니다. 그러나 이 모든 번영은 직간접적으로 칼빈주의가 80년 동안 용감하고 끈질기게 유지해 온 (원리에 충실해지려는) 투쟁에 기인한 것입니다.[8]

그리고 황금 시기 이후 네덜란드 개혁교회가 겪어온 여정을 설명합니다("네덜란드에서 개혁교회," 1910). 특별히 19세기 중반부터 제2차 세계 대전까지 네덜란드 개혁교회와 연관된 신칼빈주의에 관한 조지 하링크(George Harnick) 교수의 글을 추가하였습니다.

종합적으로 그리스도인의 사회적 참여와 책임에 대하여 "그리스도를 본받아"라는 제목으로 그의 활동 초기와 후기의 글이 제시됩니다("그리스도를 본받아," 1885/1886; "그리스도를 본받아와 현대 생활," 1918).

제6권 『선별된 자료들에서의 신학적 함의』

지금까지의 시리즈 번역과 연관된 학술회에서 발표된 논문들과 학술지에 출판된 논문뿐만 아니라,[9] 2024년 '신칼빈주의연구소'가 주관하는 암스

---

8 Herman Bavinck, "The Reformed Churches in the Netherlands," *The Princeton Theological Review*,(1910): 436.
9 참조. Park, Cheol-Dong "An Integration of Faith and Knowledge on the Deity of Christ in Herman Bavinck," Herman Bavinck Centennial Congress 1921-2021, 11 and 12 No-

테르담 유럽 콘퍼런스에서 발표한 논문과 출판될 학술 논문들과 저서 중에서 몇 가지 주제들에 대해 쉽게 읽을 수 있는 글로 제시합니다.

4. 바빙크 저서와 관련된 신칼빈주의연구소와 참고 문헌 소개

필자가 암스테르담자유대학교 '바빙크연구소'(HBCRET) 방문 연구원으로 있었던 2019-2020년에 바빙크가 직접 쓴 네덜란드어 원고를 참조하기 위하여 자유대학교 역사자료연구소에 예약하고 지정된 시간과 장소에서 해당 원고를 열람했습니다.

그러나 2021년에 기존에 구축된 아브라함 카이퍼의 자료들과 같이, 바빙크의 기존 작품들과 함께 그가 손으로 쓴 네덜란드어 원고 모두 신칼빈주의연구소 자료실의 아카이브 항목에서 다양한 옵션으로 온라인으로 다운받을 수 있게 되었습니다.

특별히 바빙크 주제별 선집의 보편성 목차 중 대표적인 세 작품은 다음과 같습니다.

---

vember 2021, Nieuwe Kerk, Kampen, the Netherlands; Park, Cheol-Dong "An Integrative View on Faith and Knowledge of the Deity of Christ in Herman Bavinck: Norms for an Integrative View on Various Aspects of Special Revelation," 「한국조직신학회」 *Korean Journal of Systematic Theology*, vol. 67(2022): 121-164; Park, Cheol-Dong, "Abraham Kuyper in the Past, the Present, and the Future of the Korean Church: A Focus on the Presbyterian Church," 「ACTS 신학저널」 53: 196-245; Park, Cheol-Dong "An Evangelical Heritage in the Revival of the Korean Church and Dutch Neo-Calvinism," *Evangelical Theological Society* 74th Annual Meeting November 15-17, 2022, Denver, CO. the United States; Park, Cheol-Dong, "Neo-Calvinism in Democratization, Industrialization, and Globalization in the Korean Context: A Theological Perspective," Neo-Calvinism and Capitalism, 6th European Neo-Calvinism Conference, 2024, 29-30 August 2024, Vrije Universiteit Amsterdam, the Netherlands; Park, Cheol-Dong, "Upholding Christ's Deity Yet Embracing Universality: Herman Bavinck's Defense of the Essence of Christianity," 「한국개혁신학」 83 (2024): 68-119.

(1) 기독교와 교회의 보편(*De katholiciteit van christendom en kerk*, 1888)
(2) 일반은혜(*De Algemeene Genade*, 1894)
(3) 칼빈과 일반은혜("Calvin and Common Grace," 1909)

한글 번역본과 원고 또는 영역본을 대조하며 정독해 보시기를 권면 드립니다. 바빙크 보편성에 대한 간략한 요약이나 소개, 2차 자료가 아니라 그의 주요 작품들을 읽을 때 반복되는 용어와 개념 속에서 그가 추구했던 보편성을 분명하게 잘 이해할 수 있게 됩니다. 바빙크의 신학에 대한 사전 지식이 없어도 이 저서들을 이해하는 데 별문제가 없으리라 봅니다.

아브라함 카이퍼를 포함, 바빙크의 모든 작품(Bibliography)과 원고(Archive)를 열람할 수 있는 신칼빈주의연구소(Neo-Calvinism Research Institute)의 자료실: https://sources.neocalvinism.org/bavinck/?tp=all

자연과 은혜, 일반계시와 특별계시의 관계에서 보편성에 관하여는 다음 세 작품이 바빙크의 대표작입니다.

- Herman Bavinck, "The Catholicity of Christianity and the Church," trans. John Bolt, *Calvin Theological Journal* 27(1992): 220-251.
- Bavinck, "Common Grace," trans. Raymond C. Van Leeuwen, *Calvin Theological Journal* 24(1989): 35-65.
- Bavinck "Calvin and Common Grace," in *Calvin and the Reformation: Four Studies,* Emile Doumergue, August Lang, Herman Bavinck, Benjamin B. Warfield(New York, Chicago, Toronto, London, Edinburgh: Fleming H. Revell Company, 1909), 99-130.

이 세 작품을 한글 번역본과 신칼빈주의연구소 자료실의 원본이나 영어본과 비교하면서 꼭 읽어 보시기를 거듭 권면 드립니다.

이를 직접 다룬 2차 문헌으로 두 편의 박사학위 논문이 있습니다.

- J. Veenhof, "Nature and Grace in Bavinck," trans. A. M. Wolters, *Pro Rege* vol. XXXIV No. 4(June 2006): 12-31.
- 박철동, "헤르만 바빙크와 칼 바르트의 계시와 문화관과의 관계에 관한 비교 연구,"(박사학위 논문, 아신대학교, 2017), 26-53, 86-166.

바빙크의 자연과 은혜의 관계에서 보편성과 관련된 주요 2차 문헌들은 다음과 같습니다.

- Syd. Hielema, "Herman Bavinck's Eschatological Understanding of Redemption"(Ph.D. diss. *Wycliffe College, Toronto School of Theology,* 1998).
- Jon Stanley, "Restoration and Renewal: The Nature of Grace in the Theology of Herman Bavinck," *Revelation and Common Grace*, edit. John Bowlin, vol 2.(William B. Eerdmans Publishing Company, 2011), 81-104.
- John Bolt, *A Theological Analysis of Herman Bavinck's Two Essays on the Imitatio Christi: Between Pietism and Modernism*(Lewiston: Edwin Mellen Press, 2013), 155-265.
- Bastin Kruithof, "The Relation of Christianity and Culture in the Teaching of Herman Bavinck"(Ph.D. diss. *The University of Edinburgh*, 1955).
- Willem J. de Wit, *On the Way to the Living God: A Cathartic Reading of Herman Bavinck and an Invitation to Overcome the Plausibility Crisis of Christianity*(Amsterdam: VU University Press, 2011), especially, "Worldview

against Worldview," 52-94.
- Henk van den Belt, "Religion as Revelation? The Development of Herman Bavinck's View from a Reformed Orthodox to a Neo-Calvinist Approach," *The Bavinck Review* 4(2013): 9-31.
- Cory Brock and Nathaniel Gray Sutanto, "Herman Bavinck's Reformed Eclecticism: On Catholicity, Consciousness and Theological Epistemology," *Scottish Theological Journal* 70(3)(2017): 310-332.
- Barend Kamphuis, "Herman Bavinck on Catholicity," *Mid-America Journal of Theology* 24(2013): 97-104; Gayle Elizabeth Doornbos, "Herman Bavinck's Trinitarian Theology: The Ontological, Cosmological, and Soteriological Dimensions of the Doctrine of the Trinity"(Ph.D. diss. *The University of St. Michael's College*, 2019).
- Park, Cheol-Dong, "Upholding Christ's Deity Yet Embracing Universality: Herman Bavinck's Defense of the Essence of Christianity," 「한국개혁신학」 83 (2024): 68-119.
  Cf. Jacob Klapwijk, "Rationality in the Dutch Neo-Calvinist Tradition," in *Rationality in the Calvinian Tradition*, eds. H. Hart, J. V D. Hoeven, and A. M. Wolterstorff(Lanham, UPA: Toronto, 1983), 93-111; Albert M. Wolters, "Dutch Neo-Calvinism: Worldview, Philosophy and Rationality," 113-131.
- Jay Shim, "Reformed Theology as Worldview Theology: The Public Nature of the Gospel and Spirituality," *Pro Rege* vol. 42. No. 4(2014): 22-31.

특별히 바빙크의 보편성을 기독론적 연합이나 삼위일체적 유기적 관계에서 통합적 관점으로 다룬 2차 문헌들은 다음과 같습니다.

- E. P. Heideman, *The Relation of Revelation and Reason in E. Brunner and H. Bavinck*(Assen: Van Gorcum, 1959), 129-230.
- James Eglinton, *Trinity and Organism: Towards a New Reading of Herman Bavinck's Organic Motif*(London: T & T Clark, 2012), 51-210.
- 박철동, "헤르만 바빙크와 칼 바르트의 계시와 문화관과의 관계에 대한 비교 연구,"(박사학위 논문, 아신대학교, 2017), 134-166, 290-350.
- Cheol-Dong Park, "An Integrative View on Faith and Knowledge of the Deity of Christ in Herman Bavinck: Norms for an Integrative View on Various Aspects of Special Revelation," *Korean Journal of Systematic Theology*, vol. 67(2022): 121-164.
- Nelson D. Kloosterman, "A Response to "The Kingdom of God is Twofold": Natural Law and the Two Kingdoms in the Thought of Herman Bavinck by David VanDrunen," *Calvin Theological Journal* 45/1(April 2010): 165-176.

최근에 출판된 바빙크의 보편성에 대한 조직신학적 관점의 저서는 다음과 같습니다.

- Cory C. Brock, and N. Gray Sutanto, *Neo-Calvinism: A Theological Introduction*(Lexham Academic, 2022).
- Craig G. Bartholomew, *Contours of the Kuyperian Tradition: A Systematic Introduction*(Westmont, IL: InterVarsity Press, 2017), 45-50, 90-91, 184-190, 220-240, 250-252.

바빙크 주제별 선집 1권

『기독교의 본질』

제1부 | 『기독교』(1912)

제2부 | 기독교의 본질(1906)

제3부 | 그리스도와 기독교(1916)

부 록 | B. B. 워필드의 "그리스도 없는 기독교"의 결론(바빙크 글 인용)

제1부

『기독교』
(*Het Christendom*, 1912)

제1장 해제와 서평

제2장 기독교의 본질

중국 종교는 이신론적이고,
불교는 무신론적이고
이슬람 종교는 운명론적입니다.

이들 중 어떤 종교에도
하나님의 거룩에 대한
죄의 본질에 대한
구속 사역에 대한
그리고 하나님 나라의 승리에 대한
적합한 이해는 없습니다.

그들에게 복음 속에서만 발견할 수 있는
아버지의 사랑과
아들의 은혜와
그리고 성령의 교통
모두는 알려지지 않았습니다.

제1장

해제와 서평

『기독교』(*Het Christendom*)는 1912년 출판된 기독교, 이스라엘의 종교, 불교 그리고 여러 지역 소수 종교들을 소개하는 "위대한 종교들"(Groote Godsdiensten)에서 바빙크가 기독교를 소개한 내용입니다.

불교 소개는 일반적인 설명과 함께 일본과 유럽에서의 불교를 소개한 점이 눈에 띕니다

* 바빙크가 저술한 『기독교』 본문에는 소제목이 없고, 내용 전환 시 두 줄을 띄웠습니다. "위대한 종교들" 전체 소개에서 본문의 순서를 따르지 않는 『기독교』 목차는 다음과 같습니다.

1. 일반적인 설명
2. 개신교
   1) 일반적인 설명
   2) 교회들, 종파들(Kerkgenootschappen)
   3) 분파들과 현 추세들(Secten en Stroomingen)
3. 로마가톨릭
   1) 일반적인 설명
   2) 교회, 기관, 성례전, 예식
   3) 신가톨릭주의

4. 그리스교회(*동방정교회)

바빙크는 기독교 범주에 로마가톨릭과 동방정교회를 여러 차이점 가운데에도 불구하고 구분했지만 분리하지 않았음을 유의할 필요가 있습니다.

본문 순서를 따르지 않은 "위대한 종교들"의 소개 목차를 번역본에서 세부적으로 분류한 목차와 비교하면 다음과 같습니다.

번역본 목차	『기독교』 소개 목차
I. 기독교 본질에 관한 탐구	1. 일반적인 설명
II. 예수는 그리스도, 하나님의 아들에 대한 성경의 증거	
III. 기독론: 예수에 대한 신앙고백에서 시작된 두 본성 교리	
IV. 서방 기독교와 동방 기독교	3. 로마가톨릭 4. 그리스교회
V. 종교개혁의 정신과 역동성	2. 개신교
VI. 종교개혁 이후 19세기까지 기독교와 연관된 분파들과 사상	2.c. 분파들과 현 추세
VII. 기독교의 생명력과 전망	(2. 개신교)

세부 주제를 더욱 폭넓게 구성한 번역본(본서 1부 2장) 전체 목차는 다음과 같습니다.

1. 기독교의 본질에 대한 탐구
 1) 기독교 본질에 대한 탐구 개론
 2) 기독교의 본질에 대한 탐구에서 함께 동의할 수 있는 세 가지
  (1) 어떤 교회나 교단도 자신들의 기독교에 대한 관점을 전적으로 원래의 기독교와 동일시하지 않는다는 점
  (2) 기독교의 본질에 대한 질문은 본래의 실제 참된 기독교에 대한 질문과 일치하며, 이를 알기 위해 성경으로 특별히 신약성경으로 돌아가야만 한다는 견해
      ① 공관복음의 역사적 예수와 바울의 신앙의 그리스도는 동일
  (3) 그리스도에 대한 존중

2. 예수는 그리스도, 하나님의 아들이심에 대한 성경의 증거
 1) 구약과 신약에서 하나님의 나라와 세례 요한의 사역
 2) 예수와 하나님의 나라
  (1) 예수의 세례와 하나님 나라(공생애의 시작)
  (2) 예수께서 가져오신 하나님 나라의 성격
  (3) 하나님 나라를 소유하기 위한 유일한 길과 그 백성의 특성
  (4) 하나님 나라에서의 예수의 위치
      ① 그리스도의 신성과 인성
      ② 하나님의 아들 되심이 예수의 메시아 직분의 기반
      ③ 다니엘 7장 13절에 예언된 메시아 예수
      ④ 제자들의 복음 메시지 예수는 그리스도 하나님의 아들

3. 기독론: 예수에 대한 신앙고백에서 시작된 두 본성 교리

4. 초기 기독교 중 대표적인 서방 기독교와 동방 기독교
 1) 동방(또는 그리스)정교회
 2) 서방교회와 동방교회의 관계와 비교
 3) 서방교회(로마교, 천주교)
  (1) 로마가톨릭의 구원관과 특징
  (2) 로마교의 7가지 성례
  (3) 로마가톨릭의 위계적 이원론적 세계관

5. 종교개혁의 정신과 역동성
 1) 루터와 종교개혁
 2) 루터의 종교개혁 특징 세 가지
 3) 츠빙글리와 칼빈의 개혁파 종교개혁

6. 종교개혁 이후 19세기까지 기독교와 연관된 분파들과 사상들
 1) 종교개혁 직후 등장한 두 양 극단 소시니안주의와 재세례파
 2) 17세기 로마가톨릭과 개신교
 3) 18세기 이신론과 합리주의
 4) 19세기 기독교에 대한 긍정적 상황과 새로운 도전

7. 기독교의 생명력과 전망
 1) 성경을 통해 다가오는 하나님 말씀의 능력
 2) 급변하는 국제 정세 속에서 선교의 중요성
 3) 그리스도 안에서 기독교와 문화와 통합의 가능성
 4) 거룩한 삼위일체 안에서만 만족되는 인간의 가장 깊은 욕구

1. 본문 해제

　워필드(B. B. Warfield)가 『기독교』 서평에서 이렇게 짧은 분량으로 이보다 더 기독교를 잘 소개하는 것을 상상하기 어렵다고 높이 평가한 것처럼, 바빙크는 기독교 본질인 복음의 핵심을 제시하면서, 비교적 짧은 분량으로 2000년 기독교 역사의 중요한 내용에 관한 개론적인 소개하고 있습니다. 구체적인 내용은 다음과 같습니다.

　첫째, "너희는 나를 누구라 하느냐"(마 16:15).
　바빙크는 예수님의 이 질문을 기독교의 본질에 대한 핵심적인 질문으로 제시합니다. 전통적인 기독교를 포함하여 모든 권위에 대한 근본적인 의심이 제기되고 다양한 기독교의 본질을 제시된 시대적 상황에서, 기독교 본질 논의에 있어서 서로 동의할 수 있는 세 가지를 제시합니다. 그리고 기독교의 본질을 "그리스도를 누구라 하느냐?"라는 질문으로 귀속시킵니다.
　둘째, "예수는 그리스도시요 살아 계신 하나님의 아들이십니다"(마 16:16).
　바빙크는 이 신앙고백에 관한 성경의 증거를 세례 요한으로부터 시작하여 예수께서 가지고 오신 하나님 나라의 본질 그리고 한 믿음, 한 주님이 있음으로 결론을 맺으면서 제시합니다. 기독교가 모든 다른 종교 및 철학 사상들과 구분되는 유일한 특징은 기독교 내에서의 그리스도의 위치에 있습니다.
　그는 1916년 "그리스도와 기독교"를 영어 학술지에 게재할 때, 『기독교』의 현재의 내용('세례 요한'-'한 주님')을 그대로 번역하게 했고 그 앞뒤에 필요한 내용을 추가했습니다.

셋째, 그리스도는 우리의 구원을 위해 모든 것을 성취하셨을 뿐만 아니라 현재 살아 계셔서 성취하신 구원을 적용하시고 계십니다

따라서, 예수가 그리스도이실 뿐만 아니라 특별한 그리스도, 즉 본래부터 하나님의 아들이신 하나님이심이 기독교의 구별되는 특징입니다.

바빙크는 이 내용을 성경적 근거 속에서 인간으로 오셔서 순종하시는 측면과 하나님의 아들로 하나님만이 하실 수 있는 여러 사역을 함께 제시하고 있습니다. 바빙크는 기독교의 구별되는 본질을 다음과 같이 결론짓습니다.

우리와 똑같은 육체를 가지신 **그리스도가 창조와 재창조의 중보자이신 하나님의 아들이시며 찬송을 받으시는 하나님**이라는 사실로부터 기독교는 다른 종교와 구별됩니다.

중국 종교에서 공자, 불교에서 고타마, 이슬람 종교에서 모하메드는 구원을 위한 어느 한 길을 제시한 매우 큰 은사를 지닌 사람들입니다. 그러나 그들 역시 자신들을 위하여, 자신이 제시한 구원의 길을 따라야 하며 궁극적으로 자신의 구세주가 됩니다. 따라서, **다른 모든 종교는 자력 구원**(autosoteric)입니다.

그러나 **그리스도는** 말하자면 **기독교 그 자체**입니다. 그리스도는 교훈과 모범을 남기기 위하여 한때 이 땅에 사셨던 분이 아닙니다. **그리스도는 하나님 우편에 앉아 계시며 재창조의 일을 행하시며 완성하시는 살아 계신 주님**이십니다.

넷째, 초대 교회 역사에서 전개된 그리스도에 대한 신앙고백과 그리스도에 관한 교리의 관계는 다음과 같습니다.

바빙크는 그리스도에 대한 신앙고백을 가졌던 초대 교회가 여러 이단의 도전 속에서 니케아 공의회로부터 칼케돈 공의회에 이르는 그리스도의 신성과 인성에 관한 두 본성 교리를 발전시킨 것을 소개합니다.

그리스도에 관한 교리는 추상적 사고의 산물이 아니라 신앙고백에 관한 자세한 해설이며 그와 다른 주장에 대한 공식화에 해당합니다.

다섯째, 그다음 교회사로 들어가 기독교 초기에 형성된 동방 기독교와 서방 기독교의 특징과 관계를 제시하고, 역동성 있게 등장했던 루터의 종교개혁을 소개합니다. 아울러 루터의 종교개혁과 구별되는 츠빙글리와 칼빈의 개혁파 종교개혁을 소개합니다.

여섯째, 종교개혁 이후부터 18세기까지의 다양한 기독교 내 분파들, 관련된 사상들을 폭넓게, 몇 가지 범주로 나누어 소개합니다. 이후 19세기 그 위치가 위협을 받았던 종교가 다시 자신의 자리로 돌아올 수 있게 되는 상황 그리고 관련된 새로운 도전을 소개합니다.

일곱째, 마지막으로 지금까지 모든 논의에 대한 결론으로 바빙크 자신의 신앙과 성경적 확신을 바탕으로, 기독교의 항상 살아 있는 생명력의 본질적 측면을 제시하면서 몇 가지 전망을 합니다.

『기독교』와 바빙크 선집 번역 시리즈(총 6권)의 관계는 다음과 같습니다.

본문 내용 중에서 그리스도에 대한 신앙고백에 관한 내용은 바빙크 선집 번역 시리즈 1권 『그리스도와 기독교』에서, 근현대에서 기독교 본질에 관한 탐구는 동일한 1권 『기독교의 본질』에서 자세하게 다루어집니다.

본문 내용 중에서 반기독교적인 근대의 시대적 정신에 대해서는 시리즈 III권, "이 시대의 영의 영향"에서 다루어지고, 로마가톨릭, 루터파, 개혁파에서 언급된 세계관은 시리즈 IV권 "보편성"에서 다루어집니다.

본문 내용 중에서 다양한 형태로 등장했던 VII장 기독교의 생명력과 전망은 시리즈 V권, "개인적 교회적 국가적 소명과 부흥"에서 자세하게 다루어집니다.

[보론] 이 책을 읽는 독자들께

짧은 팸플릿 분량의 이 책을 단숨에 읽기보다는 저자의 글 그리고 번역자의 해설을 참조하면서, 대화하듯이, 천천히 생각하면서 읽기를 권면드립니다.

짧은 문단이나 한 문장 속에서도 그리스도와 복음의 중요한 내용이 언급되는 경우가 많이 있습니다.

특별히 예수 그리스도에 대한 성경적 증거를 언급한 II장 그리고 기독교의 본래적인 유일한 특성과 그리스도에 관한 신앙고백과 관련된 기독교 교리의 연관성을 언급한 III장은 더욱 정독하시기를 권면 드립니다.

2. B. B. 워필드의 『기독교』에 대한 서평[1]

Groote Godsdiensten: Serie II, No. 7. Het Christendom door Dr H. Bavinck, Hoogleeraar aan de Vrije Universiteit te Amsterdam, Baarn: Hollandia-Drukkeriju, 1912, 16mo; pp. 62.

바빙크 박사가 기독교가 무엇인지 그리고 (종교 소개) 시리즈에서 기독교를 다른 위대한 종교들(*Groote Godsdiensten*)과 비교하여 설명하는 내용 모두를 62페이지의 작은 분량으로 수행하는 것은 결코 작은 작업이 아닙니다. 그러나 그는 이 작업을 가장 훌륭한 방법으로 완성했습니다.

---

[1] B. B. Warfield, "Groote Godsdiensten: Serie II, No.7. Het Christendom Door Dr. H. Bavinck," *The Princeton Theological Review*, Vol. XI by The Princeton Theological Review Association(1913): 528.

첫째, 그의 방법은 모든 그리스도인이(기독교의 본질에 대하여) 동의하는 것이 무엇인지 제시했습니다.

둘째, 그는 대표적인 형태인 동방정교회, 로마교회, 루터교회, 개혁교회에 대하여, 그 기원들 그리고 발전상의 특징들을 기독교에 관한 역사적인 해설로 제시했습니다.

셋째, (종교개혁 이후) 발생한 재세례파와 소시니안주의 그리고 계몽주의에 뿌리를 둔 새로운 개신교주의 유형들에 대한 폭넓은 해설을 제공합니다.

따라서, 그의 계획은 (짧은 분량의 기독교에 대한 소개를) 기독교의 역사적 발전에 대한 비공식적 구상으로 해결하는 데 있습니다. 이 구상은 세부 사항을 놀라울 정도로 잘 포착하고 있으며, 그에 못지않게 놀라운 통합력을 발휘하고 있습니다. (짧은 분량으로 기독교를 소개할 때) 우리는 이 작품 이상으로 어떻게 더 잘할 수 있을지 상상할 수 없습니다.

Princeton, Benjamin B. Wafield

제2장

기독교(Het Christendom)

1. 기독교의 본질에 관한 탐구

1) 기독교의 본질에 관한 탐구 개론

    기독교를 소개하는 글을 어느 정도의 요구를 충족시키면서, 얼마 안 되는 분량으로 작성하는 것은 기독교의 본질을 제대로 설명하지 못하는 위태로운 작업일 수 있습니다. 기독교의 풍성함은 가용 지면이 제한될수록 이에 비례하여 오히려 더 커지기 때문입니다.

    기독교는 이스라엘에 가운데 준비(voorbereiding)[1]된 것을 고려하지 않아도, 1800년 이상 지속하여 온 종교이고, 요즈음 매우 중요한 역사를 맞이하고 있습니다. 기독교는 다양한 민족과 멀리 떨어진 나라들에 뿌리를 내

---

1   기독교 전체 역사에 대한 바빙크의 관점은 다음과 같습니다. ① 창세기 1-11장까지: 이 때는 특별계시와 일반계시가 분리되지 않고 함께 역사 가운데 진행하였습니다. ② 창세기 12장: 아브라함을 부르심과 함께 구약 시대 전체는 하나님은 이스라엘을 불러서 복음을 보다 순수하게 보존하셨고, 그리고 그리스도의 오심을 준비하면서 다른 민족들은 각기 제 길로 가는 것을 허락하셨습니다. ③ 신약 시대: 그리스도의 오심으로부터 이제 복음은 이스라엘의 제한된 범위를 벗어나 온 인류의 기쁜 소식이 되었습니다. 이런 의미에서 이스라엘 가운데 준비되었다고 말하고 있습니다.

리고 있고, 현재 인류의 3분의 1 이상에게 전파되었습니다.

　기독교 역사를 짧게 서술하여 그래서 만족스럽지 못한 개관을 제공한 사람 역시 그에게 맡겨진 기독교 서술에 대한 직무에서 어느 정도 작은 한 부분만을 성취했을 것입니다(기독교에 관한 서술이 쉽지 않은 것은 기독교는 다음과 같은 측면을 함께 가지고 있기 때문입니다).[2]

　기독교는 교리와 교회, 예배와 교회 정치에서 객관적인 측면을 갖습니다, 또한, 주관적으로 인간 자신, 즉 정신과 마음과 양심에 침투하여, 이를 인지하고 설명하기는 어렵지만, 사상과 정서와 성향에서 새로운 세계를 창출합니다.

　기독교 신앙은 이런 내부의 변화로부터 다시 인간 생활의 모든 방면으로 퍼져 나가 모든 영역에서 그 영향력을 발휘하고 문화의 모든 요소에 그 흔적을 남깁니다.[3]

　기독교에 관한 서술이 어느 정도 만족되려면, 기독교의 이러한 내적 능력이 설명되어야 하고, 이 감추어진 영적인 활동들이 정당하게 다루어져야만 합니다.

　기독교의 서술에 대한 이러한 어려운 작업은 다루는 문제 자체, 즉 기독교의 기원과 본질과 같은 문제들에 관한 어떤 동의들이 있다면 성취될 수

2　이 문장 추가와 별도 인용 처리는 번역자에 의한 것입니다.
3　기독교의 객관적, 주관적 적용 내용과 특별계시의 역사적, 전인격적, 유기적, 구원론적 측면을 통합한 바빙크의 특별계시에 대한 종합적 세부 내용은 다음의 영문 논문을 참조하십시오. 박철동, "헤르만 바빙크의 그리스도의 신성의 믿음과 지식에 대한 통합적 관점·특별계시의 다양한 측면에 대한 통합적 관점을 위한 표준들." 「한국조직신학논총」 67(2022): 121-164. 참조. Want het Christendom heeft eene objectieve zijde in dogma en kerk, in eeredienst en kerkregeering, maar het dringt ook subjectief in den mensch zelf door, in zijn verstand, hart en geweten; en kweekt daar eene nieuwe wereld van voorstellingen, aandoeningen en gezindheden, welke moeilijk te kennen en te beschrijven zijn. En van binnen uit breidt het Christelijk geloof zich weer naar alle zijden van het menschelijk leven uit, doet zijn invloed gelden op alle gebieden en zet zijn stempel op alle bestanddeelen der cultuur.

있습니다. 그러나 엄밀하게 말하면, 사실 그 반대입니다.

기독교 역사 초기부터 기독교의 본질과 특성에 관한 서로 다른 다양한 관점들이 형성되었습니다. 많은 사람에 의해서 받아들여진 기독교에 대한 다른 관점을 가진 공적인 교회 안에서 온갖 종류의 집단과 교회와 나란히 온갖 종류의 분파가 출현했습니다.

이런 차별화 과정들은 중세 시대 전체를 통해서 이어졌고, 종교개혁 시기와 그 이후에 더욱더 확대되었습니다. 오늘날에는 수많은 교회와 분파가 서로 나란히 서 있을 뿐만 아니라, 기독교에 대하여 생각하는 모든 사람이 각자 개인적 견해를 가질 정도로 매우 심하게 분열되어 있습니다. 이전에 확실해 보이던 모든 것에 의혹이 제기되었고, 이러한 의심은 더욱 확대되고 있습니다.

신약에 기록된 한 단어, 한 사건도 손대지 않고 남아 있는 것은 없습니다. (예를 들면) 최근에 어떤 사람은 기독교라고 이름이 정해지게 했던 그리스도의 역사적 존재를 부인하고 이의를 제기합니다. 기독교에 대한 간략한 설명이 (지금까지) 언급된 모든 요구 사항을 충족시키지 못하고, 모든 견해를 논의하고 평가할 수 없다는 것은 또 말할 필요도 없습니다. (따라서, 기독교에 대한 간략한 설명은) 기독교의 기원과 발전에 관한 간략하고 명확한 개요를 제공하는 선에서 만족해야 합니다.

"위대한 종교들(*Groote Godsdiensten*) 시리즈"에서 기독교를 서술하는 사람에 대하여, 기독교 안에서 태어나고 자라나서 그래서 그가 가진 기독교에 대한 특정한 관점이 올바른 관점이고, 최소한 가장 정확한 관점이라고 간주하는 사람에 의해서 기독교가 다루어지는 것을 반대할 사람은 없을 것입니다.

기독교를 소개하는 사람이 기독교에 관한 서술을 로마교회, 루터교회, 개혁파의 관점으로 하든지 또는 다른 기독교 관점으로부터 하든지 간에, 기독교는 항상 그가 개인적인 관심을 두는 종교입니다. 그는 기독교에 무관심하지 않고 객관적으로 기독교를 보지 않습니다. 그는 기독교의 중심에 있고 거기로부터 생각하고 살아갑니다.

이 점은 그리스도인이란 이름을 가진 모든 사람에게 궁극적으로 동일한 사실입니다. 모든 그리스도인에게 기독교의 개념에 관한 진리는 크든지 작든지 간에 그들의 마음의 평화, 양심의 위로 그리고 영혼의 안식으로 간주됩니다.

심지어 "당신이 여전히 기독교인입니까?"라는 질문에 부정적으로 대답하는 사람들에게조차, 결코 이러한 개인적인 관심이 없는 것이 아닙니다. 단지 기독교에 대한 개인적 관심이 다른 방향으로 작동해서 그들을 기독교에 반대하게 했을 뿐입니다.

기독교를 부정하는 쪽에도 광신자들이 있습니다. 공평성이 무관심과 같지 않다는 것은 다행스러운 일입니다. 미움은 눈을 멀게 하지만 사랑은 종종 대상을 보다 선명하게 보게 합니다.[4]

2) 기독교의 본질에 관한 탐구에서 함께 동의할 수 있는 세 가지

기독교를 소개하는 데 이러한 모든 어려움에 직면한 우리에게 어떤 위로를 줄 수 있는 것이 한 가지 있습니다. 그것은 기독교에 관한 이해의 분열이 실제로 매우 크지만, 그러나 더이상의 논의를 불필요하게 하거나 소용없게 할 정도로 그렇게 크지는 않다는 사실입니다.

실제로 동방정교회, 로마가톨릭, 루터교회 그리고 개혁파 등에서 기독교의 본질에 관한 수많은 공식화된 견해가 있습니다.

---

[4] "미움은 눈을 멀게 하지만 사랑은 종종 대상을 보다 선명하게 보게 합니다"(haat verblindt, maar liefde doet de dingen dikwerf te helderder zien). 본질에 충실하면서도 다른 견해를 가진 사람들에 대한 포용력을 나타내는 바빙크의 이 말을 Henk van den Belt를 포함하여 여러 사람이 인용했습니다.

여기에 칸트(KANT)와 헤겔(HEGEL)의 견해, 슐마이어마허(SCHLEIER-MACHER)와 리츨(RITSCHL)의 견해, 하르낙(Harnack)과 오이켄(EUCKEN)의 견해, 그린(GREEN)과 케어드(CAIRD)와 판 벨러 안데렌(van vele anderen)의 견해 그리고 많은 다른 사람의 견해를 추가할 수도 있습니다.[5]

그런데 감사하게도 몇 가지 점에서 받아들여야 할 동의가 여전히 남아 있습니다.

(1) 어떤 교회나 교단도 자신들의 기독교에 대한 관점을 전적으로 원래의 기독교와 동일시하지 않는다는 점

모든 분파가 자신들의 해석이 옳다는 입장을 견지하고, 다른 모든 관점에 대항하여 자신들의 견해를 옹호하는 것은 사실입니다.

그런데도 모든 교회와 모든 사상 분파 운동은 그리스도 안에 나타난 진리와 그 진리로부터 갖게 된 자신들의 통찰력을 구별합니다. 자신들의 통찰력은 그들의 신앙고백에서 결함 있고 불완전한 방식으로 표현되었기 때문입니다.[6]

이러한 점에서 로마교회는 예외적인데, 그들은 교황에게 무오류를 부여하고 복음에 대한 해석에서 자신들의 교리만이 오직 유일하고 참된, 절대적으로 올바른 해석이라고 주장하기 때문입니다.

---

5 당시 기독교 본질에 관해 인기 있는 다양한 견해를 가진 사람들에 대한 강조를 위해 바빙크는 그 이름을 대문자로 표시했습니다. 참조. Eucken, Rudolph Christoph(1846-1926): 독일의 철학자, 노벨문학상 수상자. Caird, Edward(1835-1908): 영국의 철학자이며 신학자.

6 바빙크는 특정 신앙고백이 아무리 잘 작성되었어도 진리 자체와 동일시할 수 없음을 말하고 있습니다. 카이퍼와 함께 바빙크는 특정 신앙고백으로 또는 어느 교리의 조항으로 되돌아 나가는 것에 반대했으며, 그 이유는 거기에는 살아 계신 그리스도가 없기 때문이라고 말했습니다. "칼빈주의 미래"에서 바빙크는 칼빈주의만이 유일한 성경의 진리가 아니고, 유럽에서 적용된 칼빈주의가 다른 나라에서 그들의 역사와 문화에 대한 고려 없이 그대로 적용될 수 없다고 말했습니다.

그러나 로마교회도 그리스도와 그의 대리자인 교황을 구별하고, (그들의 증거가 신약이 되었던) 사도들에게 역사한 성령의 영감과 교회의 최고 수장(교황[이 성경 해석에서])이 누리는 성령의 도움을 구별합니다.

원칙적으로, 누구도 성경의 진리와 교회의 교리의 차이점에 대해서 논쟁하지 않습니다.

지금 언급하는 내용은 그들 자신의 개인적인 복음에 관한 해석을 역사적 해석이라고 부르면서, 교회로 인해 주어진 교리적 해석과 자신들을 구별하는 사람들과 연관하여 그 중요성이 없는 것이 아닙니다. 교회들 역시 진지하고 심각하게, 그들의 신앙고백이 가능한 한 복음에 관한 가장 순수한 이해를 제공하기를 소망했습니다.

예를 들면, 기독교 본질에 관한 교회의 교리를 거부하고 자신들의 해석을 제공한 하르낙과 같은 사람들은 원래의 복음에 관한 해석에서 자신들의 관점이 다른 모든 관점보다 더 선호할 만하다는 점에서 더 나은 진보를 전혀 이루지 못했습니다. 따라서, 그들은 복음에 관한 교회의 교리를 자신들의 관점으로 대체하지 못했고 단지 교회가 견지한 복음에 대한 관점들 옆에 자신들의 복음에 대한 다른 관점을 놓은 것에 불과합니다.

결론적으로, 복음의 본질에 관한 논쟁은 역사적 해석이냐 또는 교리적 해석이냐에 관한 논쟁이 아니라, 사실 그 자체, 곧 실제로 원래 복음이 무엇이었냐에 관한 논쟁에 해당합니다.[7]

---

[7] 하르낙을 포함하여 당시 우후죽순처럼 등장했던 기독교 본질에 관한 연구의 배경과 그 실재(reality)에 관한 바빙크의 비평을 1권에서 함께 번역된 "기독교의 본질"에서 확인할 수 있습니다. 주요 내용은 18세기 계몽주의와 함께 등장한 모든 권위에 대한 부정이 그 배경입니다. 교회 교리를 떠나 새롭게 기독교 본질을 주장하는 것에 대한 실재는 그들이 처음부터 성경에서 증거하는 그리스도에 대해 어린아이와 같은 믿음이 없음에 있습니다. 이 믿음은 칸트와 헤겔과 같이 아무리 뛰어난 학자라도 스스로 가질 수 없고 오직 성령의 조명에 의해서만 가능합니다(고전 12:3).

(2) 기독교의 본질에 대한 질문은 본래의 실제 참된 기독교에 대한 질문과 일치하며, 이를 알기 위해 성경으로 특별히 신약성경으로 돌아가야만 한다는 견해

성경 외에 가용한 다른 출처는 없습니다(이와 연관된 예는 다음과 같습니다). 예수에 관한 요세푸스(Josephus)의 증거는 매우 의심스럽고 새로운 어떤 것도 포함하고 있지 않습니다. 기독교에 대항하기 위하여 2세기 중엽 이후 유대인에 의해 고안된 비방은 셀수스(CELSUS), 포피리우스(POPHYRIUS) 그리고 최근에 헤켈(HAECKEL)에서 보다 환영 받았습니다. 그러나 이는 본디 기독교에 관한 진지한 연구로 고려되지 않습니다.

타키투스(TACITUS), 수에토니우스(SUETONIS), 플리니(PLINY)의 그리스도와 기독교인들에 대한 간략한 진술은 그 자체는 중요하고, 예수의 역사적인 존재를 누가 봐도 의심할 여지없을 정도로 입증했습니다.[8]

그러나 그들은 초기 기독교에 관한 우리의 지식을 증가시키지 못합니다. 에비온주의(de ebionietische)와 영지주의 집단(gnostische kringen)에 기원을 두고 있는 수많은 묵시적 복음서가 정경 사복음서에 기록된 것보다 예수의 삶에 대해 더 많은 것을 말할 수 있으리라는 열망 그리고 그렇게 함으로써 자신의 다른 견해를 외경들이 뒷받침해 주리라는 열망은 분명히 전혀 충족되지 못했습니다.[9]

최근에 발견된 예수가 했던 말 중 단지 몇몇 일부분만이 예수가 직접 언급했던 말이었을 것이며, 전통을 통해 순수하게 보존됐을 것입니다.

---

8   바빙크는 요세푸스를 제외한 나머지 이름을 모두 대문자로 제시했습니다. 아마 당시 보다 직접적으로 영향을 미치는 사람에 대한 강조로 보입니다.
9   그리스도가 완전한 신성과 완전한 인성을 한 인격 가운데 지니고 계시다는 성경의 증거에 관하여(2성 1인격, 혹은 두 본성 교리라고 부름), 한편으로는 그의 신성을 부인하는 에비온주의가 다른 한편으로는 그의 신성을 부인하는 영지주의가 등장했습니다. 초대교회 시기뿐만 아니라 오늘날에 이르기까지 기독론과 관련된 이단 혹은 분파는 이 두 부류로 크게 분류할 수 있기 때문에, 바빙크는 관련 내용이 있을 때 에비온주의와 영지주의를 자주 언급합니다.

이들 몇 안 되는 출처들을 제외하면, 우리는 신약의 책들, 특히 무엇보다 사복음서 이상으로 예수의 생애를 알 수 있는 다른 출처들을 가지고 있지 않습니다. 왜냐하면, 신약 이외에 다른 저작들에서 예수의 삶에 관한 언급은 상대적으로 거의 없고, 언급된 내용도 복음서들에 거의 대부분 포함되어 있기 때문입니다.[10]

기존 신약 복음서들인 정경적 복음서들의 진정성(echtheid), 완전성(onge-schondenheid), 신뢰성(betrouwbaarheid)과 연관된 치열한 싸움이 150년 이상 계속되었고, 가까운 미래에 보편적으로 받아들일 만한 결과가 나오리라 기대되지는 않습니다. 그러나 여기에 주목할 만한 일이 세 가지 있습니다.

첫째, 초대 교회에서 이해되고 기독론에서 중점적으로 표현된 기독교를 2세기의 헬레니즘 또는 다른 이국적인 영향으로부터 설명하려는 시도는 실패했다고 간주되어야 합니다.

둘째, 신약성경, 특히 바울의 4개 주요 서신(에베소서, 빌립보서, 골로새서, 빌레몬서)은 이러한 시도들과 지속해서 반대되고, 이들이 쓰인 시기가 2세기 동안 또는 그 이후가 될 수 없습니다.

셋째, 지금은 일반적으로 교회의 기독론 기원은 1세기에 있다고 받아들여집니다.

---

10 현재에도 이른바 도마복음, 베드로복음, 유다복음과 같은 '잃어버린 복음서'에 대한 운동으로 다빈치코드와 같은 음모론을 비롯해 비정경적이고 영지주의적인 복음을 대중화하려는 시도들이 유행하고 있습니다. 이 운동은 예수의 신성을 니케아 공의회 이후 정치적으로 지배적인 관점 중 하나로 간주하여 예수의 신성을 부인하고, 교회 역사가 예수에 관해 가르친 다른 모든 관점을 무시합니다. 참조. Peter Kreeft and Ronald K. Tacelli eds., "Introduction," in *Handbook of Christian Apologetics: Hundreds of Answers to Crucial Questions*(Westmont, IL: IVP Academic, 1994); Gerald Bray, Alan W. Gomes and J. Nelson Jennings, *The Deity of Christ*(Wheaton: Crossway, 2011); 우리 시대 전반적인 그리스도에 관한 다양한 관점, 곧 동시대의 기독론들에 대해서는 다음을 참조하십시오. Millard J. Erickson, *The Word Became Flesh*(Grand Rapids, MI: Baker Books, 1991).

이러한 사실은 신약성경의 기원을 2세기로 옮기려는 이유를 제거해 줍니다.

따라서, 신약성경 모두의 기원을 1세기에 두는 것으로 계속해서 되돌아가고 있습니다. 1897년 하르낙(HARNACK)은 한때 가장 오래된 기독교 문헌이 사기와 위조로 짜인 직물(weefsel)로 간주되었을 때가 있었지만, 그런 시기는 지나갔다고 말했습니다.

우리는 전통적인 관점으로 되돌아가고 있습니다. 바울의 편지로부터 이레니우스(Irenaeus)의 작품들에 이르는 문서들의 전통적인 배열에 대한 연대기적 순서는 모든 중요한 특성에서 정확합니다. 베를린 교수의 이러한 판단은 그 이후로 점점 더 옳았다고 확증되고 인정되었습니다.[11]

① 공관복음의 역사적 예수와 요한과 바울의 신앙의 그리스도[12]

성경 이외의 문헌에서 예수의 실상을 찾는 사람들은 지금까지 찾고자 하는 실재의 반석(den rotsgrond der werkelijkheid)[13] 위에 서기까지, 신약의 바닥으로부터 땅의 모든 층을 파헤칠 수 없었습니다. 바울에서 예수에게

---

11 바빙크는 이레니우스의 이름은 첫 글자 외에 소문자로, 반면 하르낙의 이름은 모두 대문자로 표시하여 동시대에 영향을 미치는 사람의 이름을 계속 강조하고 있습니다.

12 예수의 생애를 기록한 마태, 마가, 누가 복음서들, 즉 공관복음과 이러한 복음서들이 널리 이용되던 시절에 이를 바탕으로 예수가 그리스도이면서 동시에 하나님의 아들임을 증거한 요한복음과 바울서신과의 비교가 "역사적 예수와 바울과 요한의(신앙의) 그리스도"라는 이름으로 논쟁되어 왔습니다. 바빙크는 동일한 예수 그리스도를 성령이 아직 임하기 전 사도들의 수용 능력이 고려되어, 주로 예수의 사역으로 그를 증거한 공관복음에서의 예수와 오순절 성령 강림 이후에 그리스도가 누구신지를 보다 선명하게 알게 된 시기에 기록된 요한과 바울서신에서의 그리스도가 동일한 분이심을 강조합니다. 이러한 논쟁의 근본적 원인은 처음부터 성경이 증거하는 예수 그리스도에 대한 말씀을 어린아이와 같은 믿음으로 받아들였는지 여부에서 시작됩니다. 칸트나 헤겔같이 아무리 뛰어난 사상가들이라 할지라도 은혜 없이, 즉 성령의 조명 없이 한 자연인이 인간 예수를 하나님의 아들, 하나님으로 믿을 수 없기 때문입니다.

13 실재(werkelijkheid, reality)라는 용어는 어떤 현상 또는 진리의 원래의 상태, 참된 본질 등을 가리킬 때 사용합니다.

로, 즉 "공관복음서의 예수에게로"라는 슬로건은 모든 신약성경에서 그리스도의 형상(beeld)이 본질에서 동일하기 때문에 헛된 것으로 판명되었습니다.

어떻게 바울은 그리스도에 관한 자신의 교리에 이를 수 있었습니까?
어떻게 원복음을 이렇게까지 왜곡한 바울이 회중에 받아들여질 수 있었습니까?
만일, 믿음의 중심적 내용에서 전적으로 다른 개념을 가졌다면, 바울이 예루살렘에 있는 사도들에게 그의 복음을 설명할 때, 어떻게 예루살렘 공동체의 환영을 받을 수 있었겠습니까?(갈 2:9)[14]

바울과 일부 유대인 형제 사이에 차이점이 있었습니다.
그러나 이러한 차이점은 할례 문제와 같은 구약의 율법과 관련된 복음으로부터 제기된 결과로 제한되었습니다(갈 2:11-14).[15] 그리스도의 인격, 그의 삶, 죽음, 부활 그리고 재림에 관해서는 어떤 차이점도 없었습니다.
모든 사도는 서로 동의했고, 그들 사이에 그리고 가장 초기의 교회들 안에서 기독론적 논쟁에 대한 문제는 없었습니다.

처음 세 복음서가 예수의 사도들에 의해 쓰인 반면에 요한복음과 바울의 서신들은 이미 많은 회중이 형성되었고, 사도들에 의해서 그리스도의 인격에 대해서 가르침을 받았던 수신자들을 위하여 쓰였습니다. 요한과 바울은 당시 모든 신자에 의해서 고백 되고 모든 사도에 의해서 전파된 그

---

14 바울이 예루살렘에 있는 사도들에게 받아들여진 내용에 대한 성경 구절. "또 기둥같이 여기는 야고보와 게바와 요한도 내게 주신 은혜를 알므로 나와 바나바에게 친교의 악수를 하였으니 우리는 이방인에게로, 그들은 할례자에게로 가게 하려 함이라"(갈 2:9).
15 구약 율법과 연관된 복음의 문제는 이방인 회심자에게 믿음과 함께 할례도 요구해야 하는가와 같은 문제에 국한되었습니다. 다시 말한다면, 바울과 유대인들, 사도들 사이에 예수 그리스도 인격과 사역에 대한 신앙에서 어떤 차이나 갈등이 없었습니다.

리스도 외에 다른 그리스도를 전파하지 않았습니다.

우리가 확인할 수 있는 오래된 출처로부터 가장 초기의 교회가 예수를 그리스도로 고백했습니다. 그러면 그리스도는 교회의 산물이거나 아니면 교회는 그리스도의 산물이라는, 오직 두 가지 가능한 설명만이 남게 됩니다. 이를 위해서는 다음의 가정이 필요합니다.

첫째, 그리스도가 교회의 산물인 경우, 오랫동안 어떤 종교적으로 헌신된 사람들의 그룹이 존재해 왔다는 것
둘째, 사회적 환경들의 결과로써 그러한 그룹이 한때 형성되었다는 것

그들은 다양한 헬레니즘적 또는 유대교적 출처, 인도, 바빌론 또는 이집트 출처로부터, 신약 그리스도의 형상에 나타난 다양한 특성을 결합하였고, 이를 존재했을 수도 있고 존재하지 않을 수도 있는 예수에 적용했습니다.

예수를 설명하는 하나의 견해로, 이런 시도가 요즘에 많은 지지자를 얻고 있지만 전망은 별로 밝아 보이지 않습니다.

이 시도는 예수에 대한 그리스도적 환상을 설명하기 위한 광대한 범위의 자료들을 제공하지만, 실제로 이에 대한 어떤 기반을 갖추고 있지 않습니다. 그리고 다음과 같은, 답변이 이루어지지 않은 질문들을 남깁니다.

어떤 동기가 이러한 그룹을 사랑으로 한데 모이게 했는가?
사도들이나 초대 교회 신자들과 같이 단순한 마음을 가진 사람들은 어디서부터 그리스도 형상의 특징을 끌어냈는가?
어떻게 이러한 특성들을 우리가 신약성경에서 보는 바와 같은, 그렇게 조화로운 이미지로 연결할 수 있었는가?

어떻게 한 인간 예수에게 그런 모든 특성을 부여하려는 생각에 이르게 되었고, 왜 이러한 인간 예수의 존재를 믿었는가?

관련된 수수께끼들은 너무나 많아서 "그리스도 없이 기독교는 설명될 수 없다" 외에 다른 결론이 존재할 여지가 없습니다.

(3) 그리스도에 대한 존중

기독교와의 관계를 완전하게 단절한 많은 사람이 있고, 더이상 그리스도의 인격에 관해 관심을 두지 않는 많은 사람이 있습니다.

그러나 이러한 무관심도 역시 중요합니다. 왜냐하면, 이것은 교회의 그리스도와 성경의 그리스도가 동일하다는 것을 그들이 암묵적으로 인정하고 있음을 보여주기 때문입니다.

또한, (스홀턴과 같이) 기독교의 본질이 하나님의 절대주권에 있다고 간주하고 나머지 모든 교리를 절대주권에 종속시키는, 즉 절대주권으로 기독교를 재해석하는 환원주의자들 그리고 하르낙과 같은 역사적 비평을 주장하는 사람들이 복음서들 안에서 그들의 마음에 기쁨을 주는 예수를 발견할 수 없음을 암묵적으로 인정하고 있음을 보여주기 때문입니다.[16]

그뿐만 아니라 오늘날 많은 사람이 시도하는 이교도의 영향을 통해 신약의 그리스도를 설명하려는 전반적인 모든 시도는 앞서 언급된 오류와 동일한 오류에 기반을 두고 있습니다.

또한, 교회의 신조들 외에 다른 방법으로 그리스도를 설명할 수 없다는 사실을 매우 설득력 있게 정당화시켜 줍니다.

---

16 의역한 문장입니다. 직역하면 다음과 같습니다. "또한 그들은 환원이나 비평을 통해서 여전히 그들의 마음에 기쁨을 주는 예수를 복음서들 안에서 발견될 수 없다는 사실을 암묵적으로 인정하고 있음을 보여주기 때문입니다."

그러나 다행히 바울과 요한의 기독론을 거부하는 모든 사람이 이러한 무관심을 추구하지는 않습니다. 그들은 여전히 그리스도의 이름을 높이 평가하고, 자신들이 그리스도의 인격과 연결되어 있다고 느낍니다.

바로 이것이 그들이 하나님의 나라에서 그리스도에게 예외적인 특별한 위치를 부여하려고 노력하는 이유입니다. 그들은 그리스도에 관한 하나님의 특별계시를 받아들이고, 그리스도는 그의 인격과 사역 안에서 인류의 종교적·윤리적 발전을 위한 지속적인 중요성이 있다고 믿고 있습니다.

심지어 이 약한 신앙의 형태에서도, 기독교의 기원과 본질에 대한 질문이 결국 그리스도의 인격과 그의 사역에 대한 질문과 동일하다는 사실을 그들의 신앙고백을 통해 확인할 수 있습니다.

"당신은 그리스도에 대해 어떻게 생각합니까?"[17]

이 질문이 종교와 신학의 주요한 질문입니다. 그리고 주요한 질문으로 유지됩니다.

---

[17] "Wat dunkt u van den Christus?": 바빙크는 당시 유행했던 기독교의 본질에 대한 이슈는 결국 그리스도의 인격과 사역에 대한 이슈라고 결론 내립니다. 이어지는 내용은 그리스도에 대한 신앙고백에 대한 성경적 증거입니다. 인용 부호와 강조는 번역자에 의한 것입니다.

2. 예수가 그리스도, 하나님의 아들이심에 대한 성경의 증거[18]

1) 구약과 신약에서 하나님의 나라와 세례 요한의 사역[19]

디베료 황제가 통치한 지 열다섯 해가 가까워졌을 때(로마 건설 후 779년, A.D. 26-27), 본디오 빌라도가 유대의 총독으로, 헤롯 안티파스가 갈릴리와 페레아(Perae)의 분봉왕으로 있을 때, 유대인들 가운데 놀랄 만한 종교적 부흥이 있었습니다.

홀연히 유대 광야로부터 한 사람이 나타났는데, 그 용모에는 금욕한 생활의 흔적이 있었고 거친 낙타털 외투 외에는 아무것도 입지 아니하였고 허리에 가죽띠를 띠었습니다. 그는 자기 말을 듣고자 하는 사람들을 다 불러 모아, 천국이 가까웠기 때문에 그들을 회개시키려고 했습니다. 이 설교를 통해 나중에 세례자라고 불리게 된 요한은 백성들에게 회개를 끊임없이 촉구했던 옛 예언자들의 발자취를 따랐습니다.

세례 요한은 이스라엘이 오랫동안 기다려 온 천국이 가까웠다는 예언으로 그의 권면을 강화했습니다. 구약 시편 24, 29편, 예레미야 10장 7절 등에서와 같이 참으로 하나님은 온 땅의 왕이시며, 이사야 33장 22절과 같이 하나님은 시내산에서 언약을 세우신 이래로 특별한 의미에서 그의 백성 이스라엘의 왕이십니다.

---

18 2장 전체는 번역 시리즈 1권에 있는 "그리스도와 기독교" 해당 내용과 동일합니다. 바빙크는 1912년 현재의 책을 쓴 후 1916년 "그리스도와 기독교" 영문 논문에서 이 부분만은 전혀 수정 없이 그대로 영어로 번역자에게 번역하도록 했습니다. 해당 내용은 그리스도에 관한 성경의 증거로 중요한 내용입니다.

19 예수님과 함께 이 땅에 임한 하나님의 나라에 관하여 세례 요한의 예비 사역과 하나님 나라의 성격 그리고 그 나라에 어떻게 들어갈 수 있는지에 중점을 두고 바빙크의 글을 따라가시기를 바랍니다.

그러나 하나님의 왕권은 백성들 편에서 지속해서 인정받지 못했으며, 계속해서 더 강력한 저항을 받았습니다. 하나님의 왕권이 실현되려면 정상적인 발전으로는 불가능하였고, 하나님의 특별한 은혜와 능력으로 위로부터 갑자기 하나님의 나라가 내려와야만 했습니다.

이런 이유로 그리고 이에 대한 기도가 증가할수록 하나님이 하늘문을 여시고 하나님 자신의 강림을 통해 그의 의와 은혜를 드러내시리라는 경건한 이스라엘 사람들의 기대도 더욱 커졌습니다(사 64:1 등).

특별히 다니엘서는 이러한 사상을 다음과 같이 예언하였습니다.

> 세상 왕국 후에 하나님의 나라가 위로부터 임할 것입니다. 이전의 네 세계 왕국은 바다와 땅 아래 세계에서 네 짐승이 나오는 것과 같으나, 그후에는 손대지 아니하고 산에서 뜨인 돌같이 스스로 산이 되어 자라는 한 나라가 임합니다. 이것은 하늘의 하나님이 발전시키실 왕국이며, 방해받지 않을 것입니다(단 2:34-35, 44-45). 이 나라는 인자의 모양으로 하늘 구름을 타고 오실 이의 중보를 통해(단 7:13), 거룩한 백성에게 주실 것입니다(단 7:18, 27). 그러므로 이 나라는 후에 '하늘 나라'라는 이름을 받았는데, 이는 위에서 내려오고, 하늘에서 땅으로 내려오기 때문입니다(비교, 요 18:36).[20]

세례 요한은 하늘 나라가 임박했다고 선포하며, 아브라함의 씨도, 할례도, 율법을 지킴으로써 얻는 의도 아닌 오직 회심, 마음의 변화, 종교적-윤리적 마음의 갱신(更新, vernieuwing)만이 하늘 나라에 들어갈 문을 열리게

---

20 위로부터 하나님의 은혜로 임하는 하나님 나라에 대한 개념은 대단히 중요합니다. 왜냐하면, 바빙크 당시 대부분의 신학과 사상에, 위로부터가 아니라 도덕적 개선과 발전을 통해 이 땅에서 하나님 나라의 실현이 가능하다는 생각이 만연해 있었기 때문입니다. 이러한 바빙크의 하나님 나라의 개념은 앞으로 번역될 "하나님 나라와 최고선" 그리고 시대의 영과 연관된 작품들에서 계속 강조됩니다. 별도 인용 처리는 번역자에 의한 것입니다.

해 준다고 덧붙였습니다.

하나님의 명에 따라, 세례 요한은 죄를 고백하면서 그에게 오는 모든 사람에게 집행한 세례를 통해 이를 확증하였습니다. 이는 하늘 나라에 들어갈 조건과 그 의미로서 '죄 사함의 크신 은혜'와 세례 받은 자들의 '회심'에 대한 '표지'(標識, teeken)와 '인'(印, zegel)에 의한 확증이었습니다. 세례 요한은 이 회개의 선포를 통해 놀랄 만한 깊은 인상을 주었습니다.

실제로, 바리새인들과 사두개인은 세례 요한을 비난하는 태도를 보였습니다. 그들은 요한에게서 심판이 도래할 것이라는 강한 위협의 말을 들어야 했기 때문입니다(마 3:7-12).

예루살렘과 온 유대와 요단강 사방에서 다 세례 요한에게 나아온 것과 같이(마 3:5-6; 21:32), 갈릴리로부터도 마찬가지로 많은 사람이 세례 요한에게로 왔습니다(마 11:7-9).

그중에 베들레헴에서 요셉과 마리아의 아들로 태어났지만, 나사렛에서 자란 예수도 있었습니다. 예수는 세례 요한에게 세례를 받고자 하는 분명한 목적으로 그에게 왔습니다(막 1:9).

이 세례는 예수에게뿐만 아니라 요한에게도 중요한 의미가 있습니다. 왜냐하면, 이 시간 이후로 요한은 가능한 한 확고하게 자신은 메시아가 아니며 자신 뒤에 더 강한 자가 올 것이고, 자신은 그의 신발 끈을 푸는 일도 감당할 수 없다고 선언했기 때문입니다. 요한은 자신 뒤에 오시는 이가 성령과 불로 세례를 줄 것이라고 선포했습니다(마 3:13).

예수가 세례를 받으신 이후부터, 지금까지 요한에 의해 주어졌고 공관복음에서 발견되는 일반적인 하나님 나라에 대한 증언은 특별한 성격을 갖게 되었습니다.

네 번째 복음서가 그분에 대해 말하고 있는 바와 같이, 하나님 나라에 대한 증언은 예수가 하나님의 아들이요, 세상 죄를 지고 가는 하나님의 어린양이라는 특성을 가리킵니다.

2) 예수와 하나님 나라

(1) 예수의 세례와 하나님 나라(공생애의 시작)

예수님이 받은 세례는 또한 예수님의 생애에도 전환점을 가져왔습니다. 그의 어린 시절과 유년기에 대해서는 알려진 바가 거의 없습니다. 성령으로 잉태하사 동정녀 마리아에게 나시고, 8일 만에 할례를 받고 몇 주 후에 성전에서 주께 드려진 바 되었다고만 기록되어 있습니다. 후에 예수는 매년 절기에 참석하기 위해 부모님과 함께 예루살렘에 가셨고, 12세의 소년으로 이미 자신은 아버지의 집에 있어야(일해야) 한다고 증거했습니다.

그러나 세례를 받으신 직후, 예수의 하나님의 아들 됨이 확증되었고, 하나님의 영으로 기름 부으심을 받고, 공생애의 자격을 갖추게 되었습니다.[21]

예수는 그의 백성들 가운데 공개적으로 나타나셨습니다. 예수가 선포한 말씀은 요한의 말과 동일했습니다.

> 때가 찼고 하나님의 나라가 가까이 왔으니 회개하고 복음 곧 하나님 나라의 복음을 믿으라(막 1:15).

이것이 예수의 가르침의 주제였지만, 그분은 요한이나 그 이전의 어떤 선지자들에게서 가능했던 것보다 더 넓고 깊게 하나님 나라를 위해 사역하였습니다.

---

21 참조. "예수께서 세례를 받으시고 곧 물에서 올라오실새 하늘이 열리고 하나님의 성령이 비둘기같이 내려 자기 위에 임하심을 보시더니 하늘로부터 소리가 있어 말씀하시되 이는 내 사랑하는 아들이요 내 기뻐하는 자라 하시니라"(마 3:16-17).

(2) 예수께서 가져오신 하나님 나라의 성격

① 위로부터 임함
② 어린아이와 같은 믿음으로만 받음
③ 미래에 완성되지만, 현재 그 일부를 누림
④ 진주와 누룩

하나님 나라는 무엇보다 위로부터 임하는 선물이며, 하나님의 뜻에 따라 창세로부터 예비된 자들에게 주어질 것입니다. 이는 하나님 나라를 오직 어린아이와 같은 믿음으로만 받기 위함입니다.[22] 그러나 하나님 나라는 동시에 인간이 반드시 추구해야 하며(도덕적 삶에 의해 확립되는 것은 아니지만), 다른 어떤 것들과 비교가 안 되는 값비싼 보물이나 진주와 같이 최고의 가치로 소중히 여겨야만 합니다.

하나님 나라는 여기 이 땅에서 이미 어느 정도 받을 수 있는데, 진리, 의, 죄의 용서, 평화, 생명과 같은 하나님 나라의 선(善)들은 오늘날 이미 이 땅에 존재하고 신자들이 누릴 수 있습니다. 하나님 나라는 사단의 권세가 소멸하는 만큼 이 땅에서 실현됩니다. 그러므로 하나님의 나라는 점차 자라는 씨와 누룩에 비유됩니다.

그러나 하나님 나라는 이 땅에서 완전하게 실현될 수 없고, 미래에 상속자들이 천국에서 영생을 얻고 그들의 싸움과 수고의 보상을 받고, 아버지께서 마련하신 잔치에 모두 함께 앉을 때 비로소 완전하게 실현될 것입니다.[23]

---

22   어린아이와 같은 믿음을 가져야 하나님 나라에 들어갈 수 있다는 바빙크의 표현은, 기독교의 본질과 연관하여 또 일반 주제와 연관하여 계속 반복됩니다. 참조. 마 6:33; 4:17; 5:19; 7:21; 16:19; 19:14.
23   바빙크 당시 주류를 이루었던 세계관에 관하여 그는 "칼빈주의의 미래," "최근 네덜란

(3) 하나님 나라를 소유하기 위한 유일한 길과 그 백성의 특성

하나님 나라로 인도되는 유일한 길, 그 하나님 나라 안에서 지속해서 하나님 나라의 선들을 누릴 수 있는 유일한 길은, 믿음과 회심, 중생과 그리고 자기 부인과 십자가를 지고 예수를 따르는 길밖에는 없습니다.

누구든지 하나님 나라를 위하여 모든 것, 곧 집과 땅, 부모와 자녀를 희생해야 합니다. 하나님 나라에 들어가는 데 방해가 된다면 한쪽 눈을 빼고 한쪽 팔이나 다리를 잘라야 합니다.

하나님 나라는 마음이 청결한 자, 화평케 하는 자, 자비로운 자 등만이 소유하게 됩니다.[24]

하나님 나라의 시민은 하늘에 계신 아버지의 자녀이며 서로 형제입니다. 하나님의 뜻의 성취는 그들을 새로운 한 가족으로 만듭니다. 그들에게는 오직 한 주님만 있고, 그 이름 안에서 사도들의 인도와 다스림을 받는, 세상과 분리된 한 공동체를 형성하게 합니다.

(4) 하나님의 나라에서의 예수의 위치

① 그리스도의 인성과 신성

예수님의 가르침에서 가장 눈에 띄는 점은 천국에서 자신에게 적용한 그의 위치입니다.

드 신학 경향"에서 "이 시대의 영"의 활동으로 표현했습니다. 당시에 주류를 이룬 세계관은 하늘 나라 그리고 영적인 모든 가치가 무시되고, 인간의 도덕적 개선과 교육을 통해 이 땅에서 하나님 나라를 실현하는 것에 있었습니다. 바빙크는 하나님 나라는 인간의 도덕적 개선과 교육, 발전으로 결코 이 땅에서 실현될 수 없다는 성경적 가르침을 따랐습니다. 『개혁교의학』 "하나님 나라와 최고선"에 따르면, 하나님 나라는 이미 여기에 임했지만, 완성은 마지막 때에 하나님의 은혜로 위로부터 급격하게 임하여 이루어질 것입니다.

24 참조. 산상수훈에서 예수님께서 말씀하신 팔복은 노력으로 얻어지는 복이 아니라 하나님 나라를 소유한 신자들에게 나타나는 특성으로서 복입니다(마 5:3-11).

예수는 완전한 참된 인간입니다. 완전한 인간으로 예수는 자신을 온유하고 겸손한 자라고 불렀고, 모든 일에서 아버지께 의존하고 순종하며, 거듭거듭 기도로 힘을 구하기 위해 한적한 곳으로 물러갔습니다.

하나님 나라가 언제 임할지, 그날과 시간은 예수에게 알려지지 않았습니다. 즉, 하나님 나라가 어떻게 형성될지에 대한 결정은 그에게 속해 있지 않고 아버지의 권세(beschikking)에 속해 있었습니다.[25]

예수는 (부자 청년에 의해) 단지 선하다고 불렸으며, 예수는 스스로 섬기고 고난을 받으러 오셨습니다. 동시에 그분의 모든 모습과 행하심, 그분의 모든 말과 행동은 매우 강력하고 지극히 높은 자의식으로부터 나온 것이며, 모든 사람은 그분이 모든 인류보다 훨씬 뛰어나다는 인상을 받았습니다.

다른 사람들 경우라면, 이런 자의식은 자만심으로 간주하는 자기 증거 가운데 표현됩니다. 그러나 예수는 자신은 마음이 온유하고 겸손하다고 말씀하였고, 이로 인하여 누구에게도 불평을 받은 적이 없다는 것에 주목할 필요가 있습니다.

예수는 모든 측면에서 사람이지만 그는 항상 자신이 사람보다 더 높은 존재임을 알고 있었습니다. 예수는 12세 소년일 때 이미 아버지와의 친밀한 교제를 의식하고 있었고, 아버지의 집에 있어야 한다고 선언하셨습니다.[26] 그리고 그 교제는 결코 방해받거나 단절되지 않았습니다.

---

[25] beschikking를 "결정"(decision)으로 번역한 것을 포함하여 네덜란드 성경에서도 다양한 의미로 번역되었습니다. 여기서는 현재 정황에 비추어 눅 20:20의 "통치권"(exouia, beschikking, jurisdiction)으로 번역하는 것이 보다 적합합니다. "En om Hem na te gaan zonden zij spionnen uit, die zich voordeden als vrome mensen, om Hem op een woord te vatten, ten einde Hem te kunnen overleveren aan het gezag en de beschikking van de stadhouder."(Lucas 20:20, Bijbel. Vertaling 1951); 참조. "이에 그들이 엿보다가 예수를 총독의 다스림과 권세 아래에 넘기려 하여 정탐들을 보내어 그들로 스스로 의인인 체하며 예수의 말을 책잡게 하니"(눅 20:20).

[26] 참조. "예수께서 이르시되 어찌하여 나를 찾으셨나이까 내가 내 아버지 집에 있어야 할 줄을 알지 못하셨나이까 하시니"(눅 2:49, 개정).

예수는 넘어졌다가 다시 일어나거나, 유혹으로 흔들리다가 다시 견고하게 서는 것과 같은 경험이나 생각은 전혀 하지 않았습니다. 심지어 가장 깊고 무거운 고난 가운데 기도할 때에도, 그는 결코 죄를 자백하거나 죄의 용서를 위한 간구를 하지 않았습니다.

예수는 요나나 솔로몬보다 크시고, 천사와 성전보다 크십니다.[27] 제자들이 보는 것을 보는 눈은 복이 있고, 천국에서 지극히 작은 자라도 여자가 낳은 자 중에 가장 큰 세례 요한보다 큽니다.[28] 예수는 안식일의 주인이시며, 구약에서 "나 여호와가 말하노니"와 같이 "내가 너희에게 이르노니"라고 모든 서기관을 상대로 말하면서 여호와를 자신에게 적용했습니다.[29]

예수는 하나님 나라의 모든 선을 스스로 분배하고, 유대인들이 하나님께만 속해 있다고 믿었던 죄 사함의 권세를 가지고 계셨습니다.[30] 그는 두루 다니시며 백성 중의 모든 병든 자와 약한 자를 치료하시고 오직 말씀의 능력으로 죽은 자를 일으키셨습니다.

예수는 모든 하나님의 종들과 구별되는, 아버지의 독특한 아들이시며 하나님 나라의 실현에 속하는 모든 것이 그에게 주어졌고, 오직 그만이 사람들을 아버지께로 인도하여, 아버지와 아들의 교제 안에 받아들여지게 할 수 있습니다.[31]

---

27 참조. 마 12:38-42, 12:6; 히 1:4-6.
28 참조. 마 11:11, 13:16; 눅 10:23.
29 성경 인용은 번역자에 의한 것입니다. 참조. 마 12:1-8; 막 2:23-28; 눅 6:1-5.
30 참조. 행 5:31; 골 2:13, 3:13, 2:6; 눅 5:18-26; "인자가 땅에서 죄를 사하는 권세가 있는 줄을 너희로 알게 하리라 하시고 중풍병자에게 말씀하시되 내가 네게 이르노니 일어나 네 침상을 가지고 집으로 가라 하시매"(24).
31 참조. 그리스도에게 적용된 여호와의 사역 ① 생명의 수여자, 여호와: 삼상 2:6 (비교) 요 3:36, 5:21, 25-26, 6:40, 11:25, 17:2; 요일 5:11, 13, 20. 창 2:7 (비교) 고전 15:45; 요 11:25. ② 그리스도에게 적용된 창조주 칭호와 창조 사역; 창 1:1; 사 40:28; 렘 10:6 (비교) 1:1-3; 골 1:16.

예수는 하나님의 나라를 증거하는 선지자 중 하나가 아니라, 하나님 나라의 왕이십니다. 그는 하나님의 성령으로 성취하는 사역을 통해 하나님 나라를 이루시고, 아버지에 의해 하나님 나라가 그에게 정해진 것 같이, 다른 사람들에게 하나님 나라가 임하도록 정하십니다.

누구든지 사람들 앞에서 예수를 시인하면 그도 하늘에 계신 아버지 앞에서 그 사람을 시인할 것입니다.[32] 누구든지 예수를 부끄러워하고 그분과 복음을 위해 모든 것을 버리지 않는 사람은 그의 제자가 될 수 없으며 그에게 합당하지 않습니다.[33]

예수는 가버나움과 벳새다와 예루살렘이 자신을 영접하지 않았기 때문에 화가 있을 것이라고 선언하셨습니다. 예수는 지상 사역을 마치신 후 하나님 우편에 앉아 계시다가, 모든 사람을 심판하시고 각 사람이 행한 대로 갚으시기 위해 영광의 구름을 타고 온 땅의 심판주로 재림하실 것입니다.[34]

② 하나님의 아들 되심이 예수의 메시아 직분의 기반

예수의 강력한 자의식은 다름 아닌 그가 전적으로 아버지와 독특한 관계 가운데 있고, 특별한 의미에서 하나님의 아들이심을 의미합니다. **예수가 하나님의 아들 되심이 그의 메시아 직분의 토대를 형성합니다.**[35]

이에 반대되는, 다음과 같은 주장이 있었습니다. 예수는 자신을 메시아로 선포한 적이 없습니다. 하나님의 아들로 선포한 적이 없습니다. 최근 예수는 자신을 메시아라고 선언하지 않았지만, 신자들의 부활에 대한 믿음 가운데 그들이 예수에게 메시아라는 호칭을 부여했다는 주장이 대두됐

32　참조. 마 10:32-33.
33　참조. 막 8:38; 눅 9:26.
34　참조. 마 11:20-24; 눅 10:12-16; 마 24:29-31; 딤후 4:1.
35　강조는 번역자에 의한 것입니다.

습니다.³⁶

그러나 이러한 정서들은 관련된 사실에 모순됩니다. 우리는 그리스도가 왕이심을 증거하는 다음과 같은 사건을 생각해 볼 필요가 있습니다.³⁷

· 구약의 예언대로 호산나 찬송 가운데 나귀를 탄 겸손한 왕으로서 예루살렘에 입성하심(마 21:1-11; 막 11:1-11; 눅 19:28-44; 요 12:12-19)
· 산헤드린과 빌라도 앞에서 하나님의 아들과 왕 되심을 인정한 예수의 고백(마 26:63-65; 27:1-26; 막 15:1-15; 눅 1:25; 요 18:28-40, 19:1-22)
· 유대인의 왕에 대한 군인들의 조롱(마 27:27-34)
· 십자가 위에 걸린 '유대인의 왕' 팻말(요 19:19-20)

이 모든 사실은 어떤 의미로도 우화의 범주로 평가절하될 수 없습니다. 예수가 이러한 메시아 직분에 대한 의식을 가지게 된 것은 예수의 생애 마지막 때 또는 가이사랴 빌립보에서 베드로가 그에 대한 신앙을 고백했을 때뿐만 아니라, 그 이전에도 하나님의 아들로서 메시아 직분에 대한 의식을 갖고 있었음을 발견할 수 있습니다. 열두 살짜리 소년이었을 때 성전에서 이를 증거하였습니다. 요한에게 세례를 받을 때, 하늘로부터 들려오는 음성을 통해 그의 메시아 직분에 대해 하나님에게서 온 표지와 인을 받았습니다. 예수는 광야에서 시험을 받을 때 하나님의 아들 되심에 대한 시험을 물리치셨고, 나사렛 회당에서 여호와의 종에 대한 예언을 자신에게 적용하셨습니다.³⁸

---

36 이 주장은 바빙크 시대 이후, 20세기에도 그리고 오늘날에도 제기되고 있습니다. 따라서, 바빙크의 이에 대한 비평을 주의 깊게 살펴볼 필요가 있습니다.
37 인용 구분과 성경 구절 추가는 번역자에 의한 것입니다.
38 참조. 마 3:14; 막 1:9-11; 눅 3:21-22; 요 1:29-33; 마 4:1-11; 눅 4:16-20.

③ 다니엘 7장 13절에 예언된 메시아이신 예수

예수는 그의 사역 초기부터 자신을 인자라고 언급했습니다. 예수가 다니엘 7장 13절로부터 인자라는 이름을 취했다는 것이 널리 받아들여집니다.

> 내가 또 밤 환상 중에 보니 인자 같은 이가 하늘 구름을 타고 와서 옛적부터 항상 계신 이에게 나아가 그 앞으로 인도되매 (단 7:13).[39]

첫째, 예수는 이 말씀을 통해 자신이 구약에 약속된 메시아임을 드러내셨습니다.

둘째, 예수가 메시아, 왕이라는 호칭을 피하면서, '인자'라는 바로 이 이름을 선택한 사실은 예수는 당시 유대인들이 기대했던 정치적 메시아와는 다른 의미로서의 메시아였으며, 그는 그러한 메시아가 되기를 원했음을 나타낸다고 볼 수 있습니다.

예수는 지상 왕국을 세우기 위해 오시지 않았습니다. 그는 이스라엘 민족을 이끌어 모든 적을 정복하고, 이스라엘 민족을 모든 민족 위에 가장 뛰어난 민족으로 일으키기 위하여 오시지 않았습니다.

오히려 반대로, 예수는 섬기려고 오셨고, 자기 목숨을 많은 사람을 위한 대속물로 주러 오셨습니다. 그는 잃어버린 자를 찾아 구원하기 위하여 오셨습니다. 배신 당하고 십자가에 못박히기 위하여 오셨습니다. 그의 피를 통해 하나님과 인간 사이의 새 언약을 세우기 위하여 오셨습니다.

---

39 인용 구분과 성경 구절 추가는 번역자에 의한 것입니다.

이것이 예수가 그의 낮아지심(비하[卑下], vernedering)⁴⁰을 말할 때, 언제나 자신을 인자라고 불렀던 이유입니다. 낮아지신 상태에서, 예수는 "반드시" 이루어야 할 신성한 일, 즉 아버지께서 맡기신 사역, 아버지의 영광에 도달하기 위하여 반드시 걸어야 하는 길을 알고 있었습니다.

예수의 고난과 죽음에 관한 이러한 신성한 필요성을 원래의 복음에서 제거하려는 시도들이 있었습니다. 그들은 이로부터 예수의 죽음의 속죄적 성격과 그의 대제사장직도 제거하고자 했지만, 어떤 결과도 얻지 못했습니다.

예수께서 여러 차례, 특별히 그의 생애 마지막이 가까이 왔을 때와 최후의 만찬에 메시아로서 고난과 대속의 죽음에 대해서 말씀하셨을 뿐만 아니라, 관련된 사건들이 이에 관하여 더욱더 강한 증거를 제공해 줍니다. 예수는 자신이 하나님의 아들이자 이스라엘의 메시아라고 주장했기 때문에 산헤드린과 이스라엘 백성과 빌라도로부터 정죄를 받았기 때문입니다.

그리스도 자신의 말씀과 사복음서의 기록에 따르면, 그리스도의 전 생애와 사역은 십자가의 죽음에서 끝을 맺습니다.⁴¹

예수의 십자가에서의 죽음은 그의 최고의 낮아지심이며, 하나님의 뜻에 대한 완전한 순종의 증거인 동시에, 그의 피로 세운 새 언약의 토대, 죄 된 세상을 향한 그와 아버지의 사랑에 관한 최고의 계시입니다. 이를 통해 하나님은 세상과 화해하고 보존하십니다.

그러므로 예수는 죽음에 머물러 있을 수 없으셨습니다. 그분은 십자가에서 죽고, 장사 지낸 지 사흘 만에 죽은 자 가운데서 부활하셨고, 영광에 들어가셨습니다.

40　그리스도의 두 상태에 대해서, 하나님의 아들이 육신으로 스스로를 낮춰 이 땅에 오셨을 때를 낮아지심 또는 비하(卑下, Humiliation)라고 말하며, 부활 승천하셔서 그의 영광에 들어가신 상태를 높아지심 또는 승귀(承句, Exaltation)라고 말합니다.

41　이어지는 인용은 번역자에 의한 것입니다.

미래의 영광에 관해 말씀하실 때, 예수는 자신을 인자라고 불렀습니다. 왜냐하면, **그는 아버지와 완전하게 독특한 관계**를 맺으셨고, 십자가에서 죽기까지 아버지의 뜻에 신실하였던 **하나님의 아들**이며, 고난을 통해 그의 영광에 들어간 **메시아**이시기에, 다니엘 7장 13절에 예언된 바와 같이 장차 심판주로 오실 **인자**가 되실 수 있기 때문입니다.[42]

④ 제자들의 복음 메시지: 예수는 그리스도 하나님의 아들(공관복음의 역사적 예수=바울과 요한의 신앙의 그리스도)

세 공관복음서에서 유래한 **그리스도의 인격과 사역에 대한 교리**는[43] 후에 사도들이 선포하고 묘사한 모든 내용에 이미 담겨 있었습니다.

그리스도께서 부활하시기 전, 제자들이 그분의 본성과 사역에 대해 올바른 통찰력을 갖지 못한 것은 사실입니다. 복음서들은 반복적으로 이러한 사실을 분명하게 말하고 있습니다. 그래서 예수는 아직 어린 상태의 믿음에 있는 제자들이 '수용할 수 있는 능력'(vatbaarheid)을 고려하였고, 점차 자기의 하나님의 아들 되심과 메시아적 본성을 가르쳤지만, 많은 부분을 성령의 가르침에 남겨두셨습니다.

---

42 예수는 그리스도시지만 동시에 하나님에게서 오신, 영원부터 계신 하나님의 아들입니다. 예수가 하나님의 아들이심에 관한 내용을 시작하면서 바빙크는 주어를 예수에서 그리스도로 옮겼습니다. 강조는 번역자에 의한 것입니다.

43 지금까지 바빙크는 예수가 그리스도이신데, 그 그리스도가 하나님의 아들 곧 존재론적으로 하나님이라는 성경적 증거를 제시하였습니다. 그리고 이어지는 내용에서 바빙크가 '예수'라는 주어를 그리스도로 의도적으로 대체한 점을 주목할 필요가 있습니다. 즉, 앞으로의 내용은 '예수가 하나님의 아들, 곧 하나님이시다'라는 것에 관한 내용이 아니라, 이를 전제로 했을 때 전개되는 신앙으로부터 나오는 내용입니다. 바빙크는 위로부터의 기독론에서 시작하여, 이를 전제하면서 아래로부터의 기독론을 통합하고 있습니다. 이는 예수가 하나님의 아들이라는 신앙은 성령을 통해서만 알 수 있고, 연구와 증거를 통해서는 가질 수 없기 때문인데(고전 12:3), 이 말의 의미는 다음에 번역되는 "기독교의 본질"에서 자세하게 다루어집니다.

부활은 제자들의 영혼에 (오순절 성령강림 전에) 이미 놀라운 빛을 비추어 주었습니다. 높아지신 그리스도께서 오순절에 성령을 보내시겠다는 약속을 성취하셨을 때, 제자들은 비범한 방언과 기적을 행하는 은사를 일시적으로 받았을 뿐만 아니라, 참으로 그리스도가 보내신 성령을 통해 믿음이 능력 있게 강건하게 되고, 이전에 결코 알지 못했던 위로와 기쁨을 받았습니다. 그들은 형제자매로 하나 되는 사랑의 교제를 받았고, 세상을 향해 복음을 전하게 되는 놀라운 담대함을 받았습니다.

제자들이 전하는 복음의 내용은 예수는 그리스도라는 데 있었습니다.[44] 하나님의 종, 나사렛 예수에 관한 증거였습니다. 예수는 성령과 능력으로 기름 부음을 받으셨고, 능력과 표적으로 유대인들에게 나타나셨고, 두루 다니며 선한 일을 행하시며 귀신 들린 모든 자를 고치셨습니다. 그런데 유대인들은 이 거룩하고 의로운 분을 멸시하고 죽였습니다.

그러나 이것은 하나님의 작정에 따른 것으로, 하나님이 그를 주와 그리스도로 높이시고 산 자와 죽은 자를 심판하러 다시 오실 왕과 구세주로 삼고자 하심이었습니다. 이는 그의 이름으로 회개와 죄 사함을 전파하기 위함이었습니다. 그리스도 외에 다른 구원이 없기 때문입니다.

누가의 증언에 따르면, 이것이 사도들이 전파한 설교였습니다. 오순절 이후에 특히 베드로의 입을 통해 말해졌고, 모든 사도의 전파 내용과 그 본질에서 같았습니다.

공관복음의 예수와 바울과 요한의 그리스도 사이에, 그리고 예수께서 친히 하나님 나라에 대하여 선포하신 복음과 사도들이 그리스도에 대하여 전했던 복음 사이에 큰 차이점과 예리한 대립을 지적하려는 노력이 자주 있었던 것은 사실입니다.

---

[44] 강조는 번역자에 의한 것입니다.

역사적 예수와 신앙의 그리스도의 관계에서, 일부 사람은 때때로 바울을 (교회적, kerkelijk) 기독교의 창시자, 원래 복음의 위조자, 심지어 적그리스도라고 부르는 데까지 나아갔습니다.

그러나 최근에 성경의 그리스도 외에 다른 예수를 발견하는 것은 불가능하다는 것이 점차 분명해졌습니다. 왜냐하면, 메시아인 체하는 사람은 기적을 행할 수 없고, 죽은 자 가운데서 부활할 수 없기 때문입니다.

역사적 예수와 사도적 그리스도는 분리될 수 없습니다. 이들은 하나이며, 동일한, 한 인격입니다. **신약에서 역사적 인물인 예수가 구약에서 하나님이 그의 백성에게 약속하신 메시아라는 사실은 유대교 및 이교와 구별되는 기독교 신앙고백의 핵심입니다.**[45]

물론, 여러 사도에 의해 묘사된 그리스도는 조금씩 차이가 있습니다. 그러나 그 차이점은 사도들이 사용하는 언어와 스타일, 전달 방식과 표현 방식의 차이였습니다. 또한, 계시의 점진성 측면에서 그리스도를 아는 지식의 발전과 확장이 있습니다. 이런 의미에서 그리스도의 선재, 그리스도 전 우주적인 중요성, 그리스도의 신성, 그리스도의 사역 실체와 열매, 그리스도와 신자들의 신비로운 연합은 처음 세 복음서에서보다 바울의 서신과 요한의 글에서 훨씬 더 분명하게 나타납니다.

하지만, 공관복음서와 바울과 요한의 서신 사이에 어떤 대립은 없습니다. 공관복음서는 신약의 다른 모든 책과 마찬가지로 그리스도에 대한 믿음을 증언합니다. 가장 오래된 기원을 갖는 것으로 자주 언급되는 마가복음은 "하나님의 아들 예수 그리스도의 복음 시작"이라는 중요한 말씀으로 시작합니다. 공관복음 세 권은 바울이 이미 그의 복음을 널리 전파하고 그 위에 많은 교회를 세웠을 때 기록되었습니다.

---

45 강조는 번역자에 의한 것입니다.

이 복음이 전파되는 초기에, 그리스도의 인격과 그의 사역에 관한 논쟁은 눈에 띄지 않았습니다. 그리스도의 인격과 사역에 대하여 바울과 모든 사도와 완전히 동의했습니다.

모든 사도적 교회의 신자들은 다음과 같은 신앙고백에서 하나였습니다.

> 예수는 그리스도이시며, 하나님의 아들이시며, 세상의 구주시며, 교회의 주님이시며, 산 자와 죽은 자의 심판자이십니다. 그들 모두는 한(één) 주님, 한(één) 믿음, 한(één) 세례를 가졌습니다. 만유의 아버지로 만유 위에 계시고 만유를 통일하시고 만유 가운데 계시한 하나님, 곧 우리 모두의 한(één) 아버지 하나님을 가졌습니다. 그들 모두는 한(één) 성령을 가졌고 성령을 통해 사도들과 선지자들의 터 위에 함께 세우심을 입고, 하나님이 거하실 처소가 되기 위하여 그리스도 예수 안에서 함께 지어져 갑니다.[46]

3. 기독론: 예수에 대한 신앙고백에서 시작된 두 본성 교리

지금까지 논의한 바와 같이, 예수가 그리스도라는 신앙고백으로부터 기독교 교리의 역사는 시작되었습니다.[47]

예수의 제자들이 안디옥에서 그리스도인이라고 불리고, 그들이 그리스도를 하나님으로(플리니우스[Plinius]) 섬긴다는 인상을 외부 세상에 준 것에서 볼 수 있듯이, 그들 스스로는 예수 그리스도를 하나님과 산 자와 죽은 자의 심판주로(클레멘트[Clement]) 충분하게 의식하고 있었습니다.

---

46 바빙크는 "하나의"라는 단어를 반복하여 강조하고 있습니다. 참조. 엡 2:18-22; 4:5-7.
47 강조는 번역자에 의한 것입니다.

그러나 예수가 그리스도라는 신앙고백을 공식화하는 데 온갖 종류의 어려움이 발생했습니다. 한편으로는 에비온주의(Ebionism, 유대주의), 다른 한편으로는 영지주의(Gnosticism, 민족주의)의 함정을 피해야만 했습니다.

에비온주의 의하면 예수는 풍성한 은사를 갖추고, 영화롭게 되고, 신격화된 단지 한 인간입니다. 반면 영지주의에 의하면 예수는 실제 인간이 아니라, 일시적으로 인간의 형태로 나타난 천상적이고 신적인 존재입니다.

이레니우스(Irenaeus), 터툴리안(Tertulian), 오리겐(Origen) 그리고 다른 교부들의 지도로 교회는 이 두 함정 사이를 무사히 항해했고, 점차 두 본성 교리에 도달하게 되었습니다. 두 본성 교리에서, **성부의 영원한 독생자인 그리스도는 때가 찼을 때, 동정녀 마리아에게서 신성과 인성이 한 인격으로 연합하는 육체를 취했습니다.**[48]

이 신앙고백은 325년 니케아 공의회에서 선포되었고 많은 투쟁을 겪은 후, 451년 칼케돈 회의에서 더욱 정교해졌고, 모든 기독교인의 신앙고백이 되었습니다. 이 교리는 하찮은 문제에 관한 것이 아니었으며, 추상적인 공식화는 더더욱 아니었습니다.

> 두 본성 교리는 기독교 본질 그 자체이며, 기독교의 절대적 성격에 관한 것이며, 이로부터 유대교와 이방 종교와의 독특한 구별이 이루어지며, 그리스도 안에 주어진 하나님의 계시 실재성과 최종성에 관한 것이며, 그러므로 또한 교회의 독립된 존재와 구별된 삶에 관한 것입니다.[49]

따라서, 두 본성의 교리에서 그리스도의 인간적 결함이 부인될 필요가 없습니다. 두 본성의 교리에 비추어, 육체와 영에 따라 또는 아래로부터

---

48   강조는 번역자에 의한 것입니다.
49   인용은 번역자에 의한 것입니다.

와 위로부터 같은 그리스도에 대한 두 측면은 충분하지 않다는 것이 유지되었습니다. 두 본성 교리에서, 성육신은 본질에서 성령의 영감과 내주(inspiratie en inhabitatie)와 구별되며, 그보다 훨씬 위에 있다는 것이 유지되었습니다.

> 조상으로부터 육체를 소유한 그리스도는 또한 만물 위에 계셨던 하나님이시며 세세에 찬양을 받으시는 하나님이심이 유지되었습니다. 이 두 본성 교리가 온 세상에 퍼졌기 때문에, 이제 이 교리를 중심으로 전체 고백이 구성될 수 있었습니다. 왜냐하면, 바로 이 그리스도는 태초에 세상을 창조하시고 자신의 형상대로 사람을 지으신 아버지의 아들이셨기 때문입니다.
> 그리스도 자신이 재창조의 중보자이시며, 객관적으로 그의 인격과 사역으로 죄로 타락한 세상을 하나님과 화해시키시고 다시 연합시키셨습니다. 그리고 승천하신 후에 성령을 부어 주셔서 말씀과 성례를 통해 교회를 모으시고 세우시며, 인류와 세상을 새롭게 하고 거룩하게 하여 하나님의 나라에 이르도록 하십니다.
> 기독교는 특별한 학문인 신학을 탄생시켰는데, 신학은 세례식의 의식문(마 28:19)과 확실히 2세기 초에 기원한 사도신경에 근거하여 **삼위일체적 성격을 지녔습니다**.[50]

주관적인 측면에서 볼 때 기독교는 한 종교이며 인간의 고백임을 염두에 두어야 합니다. 그러나 이 신앙고백은 엄밀히 아버지와 아들과 성령이신 하나님이 인류와 세상 속에서 위대한 일을 하신다는 것을 의미합니다.

아버지가 그의 아들의 죽음을 통해, 창조하였지만 타락한 세상과 화해하시고 그의 영을 통해 하나님의 나라로 재창조하시는 이 하나님의 사역

---

50 강조는 번역자에 의한 것입니다.

에 대한 믿음의 찬가를 들을 때, **기독교를 객관적이고 신학적 측면에서 바라볼 때**, 기독교의 진리와 영광이 우리 영혼의 눈앞에 선명하게 나타나게 됩니다.[51]

> 우리와 똑같은 육체를 가지신 그리스도가 창조와 재창조의 중보자이신 하나님의 아들이시며, 찬송을 받으시는 하나님이라는 사실로부터 기독교는 다른 종교와 구별됩니다.

기독교와 다른 종교의 구별도 눈에 들어옵니다. 보통 저등 종교들(정령 숭배, 영매술, 물신 숭배)에는 여전히 위대한 영, 높은 아버지, 위대한 주 등으로 불리는 최고의 존재에 관한 인식이 포함되어 있지만, 최소한 이것은 특별히 평범한 사람들에게는 죽은 믿음에 해당합니다. 사실상 그들의 종교는 미신과 주술에 빠져 있습니다.

반면, 고등 종교에는 (하나님의 일반은혜를 통해 주어진) 고귀한 특성들이 있으므로 단순히 기독교와 고등 종교는 적대적 관계에 있지 않습니다. (오히려 이러한 특성들은 기독교에서 완전히 성취되었기 때문에) 선교를 위한 다양한

---

51 별도 인용 처리는 번역자에 의한 것입니다. 기독교 신앙의 주관적 측면과 객관적 측면에 대해서 바빙크는 상당히 많이 강조합니다. 예수 그리스도에 대한 신앙은 분명 주관적인 한 개인의 신앙고백입니다. 그러나 그 고백의 객관적 내용, 곧 하나님이 그리스도 안에서 성경을 통하여 하신 구원 사역은 특별계시에 해당합니다. 따라서, 신앙고백을 객관적이고 신학적 측면으로 바라볼 때 주관적 신앙고백은 가장 합리적이고 논리적이고 타당한 객관적 진리로서 우리에게 다가옵니다. 바빙크는 『개혁교의학』에서 신학의 대상은 신자의 종교적 체험이나 감정이 될 수 없고 객관적인 특별계시가 신학의 대상이라는 측면에서 강조했습니다.
"그리스도와 기독교"라는 논문에서 바빙크는 위의 인용문과 같이 신앙고백의 객관적, 주관적 관계를 동일한 의미로 말했습니다. 그리고 신앙고백, 곧 예수가 그리스도이시며 하나님 아들이신 신앙고백의 객관적, 신학적 내용을 III장으로 성경적 증거로 제시했습니다. 따라서, "그리스도와 기독교" 그리고 『기독교』에서 반복되는 예수 그리스도에 대한 신앙고백의 성경적 증거를 관련 말씀을 묵상하면서 여러 번 정독하시기를 권면 드립니다.

접촉점을 제공합니다.

그러나 이 종교들은 기독교와 완전히 다른 성격을 지니고 있습니다. 이 차이점은 그들의 창시자들에게 부여하는 위치와 중요성에서 가장 분명히 드러납니다.[52] 예를 들면, 중국 종교에서 공자, 불교에서 고타마, 이슬람 종교에서 모하메드는 구원을 위한 어느 한 길을 제시한, 매우 큰 은사를 지닌 사람들입니다. 그러나 그들 역시 자신들을 위하여 제시한 구원의 길을 따라야 하며, 이때 비로소 궁극적으로 자신의 구세주가 됩니다.

그러므로 기독교를 제외한 다른 모든 종교는 자력 구원(autosoteric)의 종교 입니다.

> 그러나 기독교에서 그리스도는 말하자면 기독교 그 자체입니다. 그리스도는 오직 그의 교훈과 모본을 남기기 위하여 한때 이 땅에 사셨던 것이 아닙니다. 그리스도는 하나님 우편에 앉아 계시며, 재창조의 일을 행하시며 완성하시는 살아 계신 주님이십니다.[53]

살아 계신 그리스도의 현재 사역과 관련하여, 앞에서 언급된 다른 종교들은 하나님과 세상에 관한 믿음의 모든 항목에서 기독교와 다른 내용을 갖습니다. 그리고 인간과 그의 죄, 그의 갱생 그리고 그의 운명에 관한 믿음의 모든 항목에서도 기독교와 다른 내용을 갖습니다.

> 중국 종교는 이신론적이고, 불교는 무신론적이고, 이슬람 종교는 운명론적입니다. 이들 중 어떤 종교에도 하나님의 거룩에 대한, 죄의 본질에 대한, 구속 사역에 대한 그리고 하나님의 나라 승리에 관한 적합한 이해는 없습

---

52 강조는 번역자에 의한 것입니다.
53 인용은 번역자에 의한 것입니다.

니다. 그들에게 복음 속에서만 발견할 수 있는 아버지의 사랑과 아들의 은혜와 그리고 성령의 교통 모두는 알려지지 않았습니다.[54]

이런 방식으로 기독교의 더욱 높은 관점으로부터, 이들 모든 종교를 판단할 수 있는 것, 그들 가운데 있는 선한 것을 인정할 수 있는 것 그리고 그들 가운데에서 거짓된 것과 불안전한 것을 분별할 수 있는 것, 이들 모두에서 우리는 참된 종교이고 다른 모든 종교의 표준이 됨을 그 자체로 증명하는 기독교에 빚지고 있습니다.

그러나 기독교는 자체 신조들에서, 자체 교리와 신학에서 그리고 자체 '세계와 삶에 관한 관점'(wereld en levensbeschouwing, 세계관)에서 완전한 것, 그 이상입니다.

비록 이들 또한 위대한 가치를 가지고 있지만, 보다 중요한 것은 기독교는 새로운 거룩한 생명의 기원이라는 데 있습니다. 이 사실은 첫 번째 기독교인들 가운데 그리고 최초 고대 교회들 가운데, 그들의 모든 결점에도 불구하고 매우 분명하게 나타납니다. 그들 안에 영적인 새로워짐이 발생했고, 이 갱신은 외적으로 그들의 모든 행함과 활동 가운데 표현되었고, 세례 중에 그에 대한 표지와 인을 받았습니다.

세례는 악한 세상으로부터 하나님 나라로 건너가는 요단강이었습니다. 세례는 노아의 홍수 때 멸망한 인류와 분리된 영생을 위하여 보존된 방주였습니다. 세례는 옛 사람의 죽음과 새 사람의 부활이었습니다.

모든 회심이 바울이 겪은 회심과 같이 항상 매우 기적적이고 급격한 성격을 갖는 것은 전혀 아닙니다. 그런데도 유대인들은 배타주의적이고 율법주의적 관점으로부터 해방되었고, 그들의 메시아를 온 세상의 구세주로 공경을 받는, 보다 넓고 보다 자유로운 범위로 수용하게 되었습니다.

---

54   인용 처리는 번역자에 의한 것입니다.

이방인 중 기독교로 회심한 자들에게서 일반적으로 나타날 수 있는 증거가 있습니다. 곧, 바울이 고린도 교인에게 말한 내용입니다. 이전에 그들은 음행하는 자들, 우상 숭배 하는 자들, 술 취하는 자들, 살인자였습니다. 그러나 이제 우리 하나님의 성령에 의해서 그리고 주 예수의 이름 안에서 의롭다 함을 받았고, 거룩하게 되었고, 깨끗하게 되었습니다.

그들은 자신들이 섬기던 우상과 우상 숭배로부터, 미신적이고 부도덕한 행위로부터, 자신들의 모든 헛된 생활로부터 살아 계신 하나님께로 돌이켰습니다. 그들은 회심을 어두움으로부터 빛으로 옮겨진 것으로 경험했고, 두려움과 걱정으로부터 믿음의 확실성과 기쁨으로 옮겨진 것으로 경험했습니다. 유대인들과 이방 세상 속에서 그들과 다르고 새로운 사람들, 그리스도인들이 나타나고 있었습니다.

그리스도인들은 자신이 하나님의 자녀인 것을 알고 있었습니다. 그들은 그들의 영광의 소망 안에서 그리고 그들의 죄가 용서받았음을 자랑으로 여겼습니다. 그들은 공경, 사랑, 자비, 자기 부인, 믿음의 용기 그리고 다른 많은 미덕으로 인하여 유대인들과 이방 세상의 진리와 자신들을 구분하였습니다. 그들은 신실한 신앙고백과 그들의 거룩한 삶에 의해서 기독교 외부에 있는 사람들에게 깊은 인상을 주는 데 실패하지 않았습니다.

이런 새로워짐의 능력은 모든 시대를 통하여 기독교에 내재하여 있습니다.

물론, 기독교의 역사 가운데 어둡고 우울한 역사가 있습니다.

누가 이 사실을 감히 무시하거나 부인할 수 있겠습니까?

우리는 다음과 같은 것들을 생각할 수 있습니다. 날카롭고 격렬한 교리적 논쟁들, 사랑 없는 정죄와 책망들, 이단들에 대한 종교 재판과 처벌들, 종교 전쟁들과 마녀 사냥들, 성직자의 세상에 대한 지배, 세상에 대한 부자연스러운 책망 등입니다.

그러나 이 모든 것에도 불구하고 우리 마음속에 부어지는 위로를 간과해서는 안 됩니다. 우리 안에서 자라가는 친밀하고 부드러운 경건을 간과해서는 안 됩니다. 우리로 성취할 수 있게 하는 거룩한 삶을 간과해서는 안 됩니다. 교회들과 수도원들, 모든 종류의 가난한 사람을 위한 자선에 대한 토대, 복음 전파와 선교, 가족과 사회, 농업, 미술과 시, 이러한 우리의 풍성한 문화의 모든 선은 기독교에 대한 설득력 있는 증거들입니다.

기독교는 우리에게 하나님의 마음을 드러내 주고 또한 인류의 마음도 드러내 줍니다.

4. 초기 기독교 형태 중 대표적인 서방 기독교와 동방 기독교

기독교의 역사가 진행되면서 기독교는 점점 더 다양해져 갔습니다. 이러한 다양성과 구별에 주의를 기울이면서, 우리는 모든 다양성 가운데 오늘도 여전히 존재하는 연합을 잊어서는 안 됩니다.

우리는 믿음의 분열들 안에서 그리고 그 아래에 있는 기독교 세례의 공식화와 사도신경 형태가 모든 교회의 신앙고백의 기반이라고 올바르게 말할 수 있어야 합니다.[55]

성도들의 초기 교제는 오래가지 못했습니다. 이미 사도 시대에 온갖 종류의 율법주의적, 심미주의적, 영지주의적 그리고 접신론 이단들이 등장하기 시작했습니다. 기독교가 사람들의 삶 속에 그리고 온 세상 속에 더 깊게 침투했을 때, 당시의 문화와 더욱더 긴밀한 접촉이 이루어졌습니다.

이것은 기독교가 원래의 순수성을 잃고 온갖 종류의 이질적 요소들에 흡수될 수 있는 위험에 직면하게 했습니다.

---

55 강조는 번역자에 의한 것입니다.

헬라어로 쓰인 구약성경(칠십인역)이 많은 묵시적 책을 포함하고 있다는 것을 주목해야 합니다. 왜냐하면, 이로 인하여 온갖 종류의 다른 유대인과 헬라 작품들이 기독교에 유입될 수 있는 길을 만들어 주었기 때문입니다.

당시 사도들의 복음서들과 서신서들은 신약으로 아직 수집되지 않았습니다. 많은 신도는 신약 전체를 알지 못했습니다. 공적인 모임에서 신약 전체를 읽지 못했습니다. 그들은 때때로 바나바서, 헤르마스와 같은 저작들을 존중할 가치가 있는 것으로 여겼습니다.

당시의 사람들은 사도들에게 기원을 두는 전통에 크게 의존하여 살았지만, 점차 오염되고 오류에 빠지게 되었습니다. 처음 그리스도인들은 사도들에 의해 선포된 복음의 풍성한 내용을 즉시 소유할 수 있는 상태가 아니었습니다.

사도들의 문헌과 비교할 때, 사도 이후 시대 문헌에서 발견되는 사상과 영적 측면에서의 급격한 퇴보는 이에 관한 결정적 증거를 제공합니다. 초기 그리스도인들은 그들이 종종 싸워야 하는 사람들 속에 자신들의 기원을 두고 성장해 왔고, 또한 이들의 영향을 받았습니다. 즉, 유대교와 이교도 사상이 자주 그들의 영역에 침투했고, 율법주의적이고 금욕적인 경향이 자주 발견되었으며, 철학적 영지주의 사상은 일부 기독교 집단에서 매우 강한 공감을 불러일으켰습니다.

이들의 영향과 이와 유사한 영향 아래에서 많은 이단과 분파가 발생했을 뿐만 아니라, 다양한 종류의 기독교도 발달하였습니다.

다양한 종류의 기독교 중에서, 초기 몇 세기 동안에 이들의 영향을 받은 동방(또는 그리스)과 서방(또는 라틴)의 다양한 유형의 기독교가 주류를 이루었습니다. 동방 기독교와 서방 기독교, 이들 두 가지 유형이 매우 밀접하다는 것을 고려하면서, 우리는 그들이 마치 철학적 체제처럼 한 원리로부터 도출될 수 있거나 도출되어야 한다는 생각으로부터 출발해서는 안 됩니다.

동방과 서방 기독교는 모든 종류의 자원을 흡수한 유기적 체계들이며, 많은 자료가 다른 측면들로부터 통합된 그 구조들이었습니다. 그런데 동시에 동방과 서방의 기독교는 한 특성과 한 형태로 표현되는 방식 안에 혼합되어 있었습니다.

1) 동방(또는 그리스)정교회

예루살렘의 멸망은 유대인들과 그리스도인들 사이의 최종적인 분리를 가져왔습니다.[56] 그때로부터 기독교는 거의 배타적으로 이방인들에게 전파되었습니다.

사도 바울이 비록 선교 여행들을 통해 서방에 더욱 깊게 침투했어도, 교회의 무게 중심은 여전히 오랫동안 동방이었습니다. 그곳에서 가장 중요한 이단들이 발생했습니다. 그곳에서 변증가들이 나타났고 그들 이후로

---

[56] 초대 교회는 순수하게 유대-기독교적이었습니다. 그러나 예루살렘 밖에서는 유대인과 이방인으로 구성된 공동체가 등장했고, 점차 이방인 기독교가 중심을 차지하기 시작했습니다. 이러한 분리의 과정은 유대 전쟁(66-70년)의 재앙을 통해 완결되었습니다. 즉, 유대교와 기독교의 결정적인 결별은 로마군에 의해 제2예루살렘 성전이 파괴된 직후, 야파(Jaffa: 지금의 이스라엘의 텔아비브 도시) 근방의 얌니아에 모였던 바리새인들로 구성된 유대교 의회에 의해 확정되었습니다. 얌니아 의회는 기독교인들이 저항 운동에 참여하지 않은 배반자들이라며 비난하였고, 기독교인을 정식으로 파문하면서 모든 회당에서 예배를 드리기 전에 기독교 이단에 대한 저주를 반복할 것을 명했습니다. A.D. 70년 예루살렘 멸망 이후 유대 기독교는 더이상 존재하지 않게 되었습니다. 예루살렘 멸망 이후, 교회의 역사는 이방인 교회의 역사가 되었습니다. 이러한 비극의 마지막은 헬레니즘적 유대교의 경제, 정치, 문화적 우위를 완전히 뒤흔들어 놓았던 유대 디아스포라의 저항 운동, 특히 메소포타미아와 이집트 지역에서 발생한 저항 운동(116-117년)으로 인해서 발생했습니다. 이후에 이스라엘 본토에서 바 코흐바(Bar-Kochba)의 주도로 일어난 유대의 저항 운동이 비극의 마지막을 장식했습니다. 거룩한 도시 예루살렘은 완전히 헬레니즘적 도시로 재건되었고, 아엘리아 카피톨리나(Aelia Capitolina)라는 이름을 갖게 되었습니다. 유대인들과 (할례 받은) 유대 기독교인들에게는 예루살렘과 그 근방에 들어가는 것이 금지되었습니다. 할례는 사형으로 다스려졌습니다. 3세기 이후, 오직 예루살렘 멸망 기념일에만 순례자들에게 서쪽 성전 벽(통곡의 벽)이 개방되었습니다.

참된 신학자들이 나타났습니다. 삼위일체와 기독론적 교리들이 그곳에서 형성되었습니다.

또한, 그곳에서 신약이 우리에게 소개하는 독립적이고 자유로운 신자들로부터 위계적으로 구성된 가톨릭교회, 곧 하나이며 모든 것을 포함하는 신자들로 변화가 일어났습니다.

가톨릭교회 안에서 사도들의 계승자인 주교들은 전통의 수호자들이고, 일반 사람들의 교사이며, 희생제사를 수행하는 사역자들이고, 신비들을 분배하는 자들이었습니다. 그리고 그곳에서 동방 또는 그리스정교회와 대개 관련된 유형의 기독교가 발생했습니다.

그 특성을 다음과 같이 간략하게 언급할 수 있습니다. 그리스도가 로고스로서 성육신 이전에 세상에 일반적인 빛을 비추는 영향을 미쳐 왔다면, 그의 성육신과 부활을 통해서 그리스도는 주로 하나님을 아는 지식과 생명을 드러내었습니다.

아담의 타락 결과는 특별히 인간 내면에 감각적 욕망을 가지게 하고, 결과적으로 파괴와 죽음으로 치닫게 하므로, 사람들은 위로부터 두 가지 유익이 필요로 하게 되었습니다. 영적이고 영원한 것들에 대한 지식 그리고 멸망할 수 없는 복된 생명입니다.

인간은 믿음을 통해 이러한 지식을 획득하는데, 죄로 인하여 약해졌지만 상실되지 않은 인간의 자유의지가 이를 가능케 합니다. 특별히 믿음은 삼위일체와 성육신의 교리 안에서 교회에서 순수하게 보존된 정통 진리들에 대한 지성적 수용을 통해서만 갖게 됩니다.

그리스교회, 곧 동방교회는 다마스쿠스(Damascene)에 이르기까지 교부들의 신학 안에서 변하지 않고 남아 있기를 원하는 정교회입니다. 842년 2월 19일, 테오도라 황후가 성상을 콘스탄티노플교회에 돌려준 이후, 매년 같은 날짜에 정교회 축일을 기념합니다.

러시아교회가 여전히 율리우스력을 따르고, 월요일에 한 주를 시작하고, 매일 아침을 6시에 시작하는 것은 그들이 고대 전통을 얼마나 확고하게 유지하고 있는지를 보여줍니다. 국가조차도 정통성을 유지하는 역할을 합니다.

동방교회는 처음부터 콘스탄티누스 대제가 비잔티움에 성직자를 위한 자리를 내준 것과 같이, 세상 권력과 긴밀한 동맹을 맺었으며 오늘날까지 러시아에서 세상 권력에 충실한 전통을 유지해 오고 있습니다.

동방정교회는 로마교가 행하는 것과 같은 기독교 세계 전체를 포괄하는 하나의 보편적 교회에 대한 이상을 알지 못합니다. 동방정교회는 로마에 이어 두 번째 교회가 되는 것에 만족합니다. 동방정교회는 현재 16개의 자치 교회로 구성되어 있고, 모두 합쳐서 대략 1억 명의 회원을 갖고 있습니다. 그중 8,500만 회원을 가진 러시아교회는 가장 중요합니다.

러시아교회는 모든 종류의 강압적인 수단을 통해 신자들의 종교적 연합을 유지하고, 수많은 분파는 물론 유대교를 폭력적으로 압제하고 배척하는 역할을 해야 하는 황제를 동방정교회의 안내자로, 믿음의 보호자로 공경해 왔습니다.

그러나 동방교회가 자랑하는 정통 교리는 종교적 삶의 원천이 아닙니다. 삼위일체와 성육신의 신비는 신학적 사색의 적절한 대상이 될 수 있으며, 숭배와 관련된 모든 것과 마찬가지로 깊은 숭배의 대상이 될 수도 있습니다. 삼위일체와 성육신의 신비는 대중보다 높은 곳에 머물며, 신비나 사색이 아닌 다른 원천에서 자라나는 종교 생활을 뛰어넘습니다.[57]

---

57 바빙크는 동방교회와 서방교회와의 가장 근본적인 차이점을 말하고 있습니다. 동방교회가 성육신과 삼위일체가 중심이라면, 서방교회는 십자가와 부활이 중심입니다. 따라서, 동방교회가 성육신의 신비에 관심을 가졌다면, 서방교회는 십자가의 대속, 법률적 측면에 관심을 가졌습니다.

제1부 『기독교』(Het Christendom, 1912)   107

그리스신학자들은 종교 생활이 생각보다는 감정으로 살아가는 것을 교회의 특권으로 여깁니다. 평신도들은 교리를 받아들이고 성경의 낭독과 설교도 듣습니다.

그러나 그들은 모든 교회와 가정 예배의 기초가 되는 신비적인 숭배(mystieken cultus)에 의지하여 살아갑니다. 교회에서 어디서나 동일한 유형을 보여주는 그림 벽이 매우 중요하며, 이는 사제를 위한 제단 공간(관련 방을 포함)과 평신도에게 할당된 공간을 분리합니다.[58]

불타는 촛불을 들고 있는 성인의 성상이 집의 중앙을 차지합니다. 경건한 사람들, 특히 성직자, 수도사, 수녀들의 종교 생활은 성인 숭배, 성상과 유물의 숭배, 단식과 기도에 함몰됩니다. 교회와 숭배와 관련된 모든 것은 깊이 존경받습니다. 성례전은 은혜의 방편(vehicula gratiae)보다 더 높고 거룩한 신비입니다.[59]

정통과 신비주의, 교리와 삶은 어느 정도 이원론적으로 나란히 서 있습니다. 이러한 이원론은 (성부를 무한히 높여 성자와 성령과 구분하기 위하여 요한복음이 증거하는 성령이) 아버지로부터 "그리고 아들로부터"(필리오케, Filioque) 발출되는 것을 거부하는 신학적 진술에서 발견할 수 있습니다. 즉, 삼위 하나님의 존재 안에서, 성령은 성자에게서 발출되지(gaat) 않고, 오직 성부에게서만 발출됩니다.

---

[58] 이콘(그리스어: εἰκών[에이콘], 영어: icon)은 기독교에서 그리스도와 12명의 사도, 성모 마리아, 성인들을 그린 그림을 의미합니다. 흔히 그림을 성화(聖畵)라고도 합니다. 이콘과 관련된 조각을 성상(聖像)이라 합니다. 8세기의 일곱 번째 보편공의회인 제2차 니케아 공의회에서 이콘, 즉 성화는 기독교 신학적으로 문제가 없다고 규정하였습니다. 11세기 교회 대분열 이후 동방교회 지역에서는 성화인 그림만으로 한정하였으나, 서방교회에서는 성화만 아니라 형상을 제작하는 성상까지로 확대 해석하였습니다.

[59] 개신교에서 은혜의 방편은 하나님의 말씀과 세례와 성찬을 포함하는 성례입니다. 하나님은 이를 통해 교회 안에서 은혜를 주십니다. 그래서 보통 교회론에서 은혜의 방편을 다룹니다. 일부는 기도를 은혜의 수단에 포함시키기도 합니다.

성자와 성령은 순서상, 앞뒤로 있지 않고 나란히 서 있습니다. 둘 다 신성의 근원이신 성부에게 자신들의 기원과 원리를 두고 있습니다. 성자와 성령을 통해, 성부는 자신을 나타내십니다. 즉, 성자가 성부를 알게 하지만, 성부를 누리게 하는 분은 성령이십니다.[60]

2) 서방교회와 동방교회의 관계와 비교

서방에서 기독교는 매우 다른 방향으로 발전하였습니다. 그러나 과장을 경계해야 하고, 실제로 대립이 없는 곳에서 반대되는 것을 찾아서도 안 됩니다. 서방교회와 동방교회는 많은 공통점을 가지고 있었고 지금도 여전히 가지고 있습니다.

동방교회의 삼위일체와 기독론 교리는 일반적으로 서방교회에 수용되었습니다. 어거스틴과 펠라기우스의 투쟁은 동방교회에는 별다른 영향을 주지 못했지만, 서방교회는 펠라기우스에 반대하고 어거스틴의 입장을 수용했습니다.

중세 시대에 화체설은 물론 일곱 가지 성례전은 동방교회에서 폭넓게 받아들여졌습니다. 로마는 동방교회가 우선적으로 이단은 아니라고 보았지만, 분리주의적 교회로 보면서 그들과 함께 다시 연합하기를 바랐습니다. 이 연합이 어느 시간에 곧 이루어질지는 의문이었습니다.

서로의 차이점은 다소 중요한 몇몇 교리에 불과했습니다. 필리오케, (성수) 뿌리기, 성례에서 누룩을 넣지 않은 빵, 성배 거부, 사제의 독신, 연옥,

---

60 동방교회는 신플라톤주의의 영향을 깊이 받았습니다. 신플라톤주의에 따르면, 모든 것을 초월한 절대적인 신적 존재인 일자(一者, the One)와 이로부터 유출된 정신, 세계 혼, 이러한 세 신적 존재가 있습니다. 동방교회는 성자와 성령의 신성을 성부와 같이 인정하지만, 당시 그리스 철학, 신플라톤주의의 영향 가운데 세 관계를 일자(一者)의 개념과 같이, 성부 중심으로 바라보았습니다.

면죄부, 마리아의 원죄 없는 잉태, 교황의 무오성 등이며 동방교회와 서방교회는 이에 관해 서로 다른 개념을 가졌습니다.

이에 관하여 깊은 이해를 하려면, 동방의 오리겐과 서방의 터툴리안, 동방의 아타나시우스(Athanasius)와 서방의 어거스틴(Augustine)을 비교해 보십시오.

동방에서는 그리스의 철학적, 지성적 영이 활동하였고, 반면에 서방에서는 법적, 분석적 그리고 유기적인 로마의 영이 활동하였습니다. 동방에서 신학적, 기독론적 교리들이 몇 세기 동안 논의되고 유지되었다면, 서방에서 수 세기 동안 인간론 그리고 구원론 교리들이 사상들의 주류를 차지했습니다. 이 사상들은 어거스틴 이전, 그의 시대 그리고 그 후 수 세기 동안 유지되었습니다.

동방교회는 인간의 죄를 주로 하나님과의 분리로 보았고, 성육신과 그리스도의 부활 그리고 두 본성의 연합을 강조합니다. 구원의 최고의 유익은 하나님과의 교제하는 삶에 놓여 있다고 고려합니다.

반면, 서방교회는 인간의 죄를 주로 정죄와 심판의 개념으로 보고, 그리스도의 인격을 고려할 때 예리한 눈으로 그리스도의 신성과 인성을 구별하였습니다. 즉, 그리스도 사역의 가치를 특별히 그의 (인성에 기반을 둔) 자원하는 고난과 죽음 안에서 찾았습니다. 그리고 구원의 가장 중요한 유익이 죄 사함, 정죄와 심판으로부터의 구원에 있다고 보았습니다.

이와 같이 서방교회와 동방교회는 많은 방식에서 서로 반대 입장을 취했습니다. 서방은 어떤 의미에서 종교개혁을 위한 길을 예비했지만, 동방에 종교개혁이 들어설 자리는 없었습니다.[61]

---

61 이 문장 표현은 바빙크 글에서 가끔 발견되는데, 그 의미를 곰곰이 생각해 보시기 바랍니다.

3) 서방교회(로마교회, 천주교)

(1) 로마가톨릭의 구원관과 특징

로마교회에 따르면 하나님은 인간을 즉각적으로 그의 "형상"(beeld)으로 창조하셨지만,[62] 그의 "모양"(gelijkenis)으로는 곧바로 창조하지 않으셨습니다.[63]

하나님의 형상만을 가진 인간은 여전히 땅에 속하고 땅으로 돌아갈 운명을 가진 자연적 사람(*homo naturalis*)입니다. 인간이 타락하지 않고 창조된 상태에 머물러 있었다면, 그는 자연적으로 선한 일을 할 수도 있고 그래서 지상의 지복(至福, zaligheid)과 영광을 획득할 수 있었을 것입니다. 그러나 그는 하늘로 올라가지 못했을 것이며 결코 하나님을 직접 보는, 즉 하나님의 면전에 직접 들어가지 못했을 것입니다.

그런데 하나님께서는 당신의 기쁘신 뜻에 따라 사람을 초자연적인 하늘의 영광에 이르게 하시기를 원하셨기 때문에, 인간에게 당신의 형상뿐만 아니라 당신의 모양까지 갖추어 주셔야 했습니다.

하나님께로 이끌어질 수 있는 하나님의 모양(창 1:26)은 자연적 인간에 (논리적으로, 또는 시간상으로 나중 한순간에) 더해진 '초자연적으로 추가된 은사'(*donum superadditum*)로 구성됩니다. 추가된 은사는 그에게 초자연적으로

---

62 "하나님이 자기 형상 곧 하나님의 형상대로 사람을 창조하시되 남자와 여자를 창조하시고"(창 1:27).

63 "하나님이 자기 형상 곧 하나님의 형상대로 사람을 창조하시되 남자와 여자를 창조하시고"(창 1:27), 하나님이 이르시되 우리의 형상을 따라 우리의 모양대로 우리가 사람을 만들고"(창 1:26b). 로마교에서 인간의 형상은 인간이 가진 모든 자연적 은사, 모양은 초자연적 은사에 해당합니다. 26절과 같이 하나님은 인간을 하나님의 형상과 모양을 따라 창조하려고 하셨지만, 알지 못하는 이유로 27절과 같이 하나님의 형상으로만 창조하셨습니다. 따라서, 자연적인 인간은 초자연적 은사인 모양을 가지고 있지 않습니다. 특별한 노력과 헌신으로 초자연적 은사를 받아야 영생을 얻을 수 있다고 로마가톨릭은 믿고 있습니다.

선행을 할 수 있게 하고 그리하여 초자연적인 천상적 구원을 얻게 합니다. 이 천상적인 구원은 하나님을 보는 것(*visio*)과 하나님의 본질을 즐거워하는 것(*fruitio Dei per essentiam*)에 해당합니다.

타락을 통해 인간은 하나님의 모양, 즉 초자연적으로 추가된 은사를 잃어버렸고, 하나님의 형상에 해당하는 자연적 능력 또한 어느 정도 약해졌습니다. 그러나 자연적으로 선한 일을 행하지 못할 만큼 약해지지는 않았습니다.

그런데 인간이 선한 일을 모두 그리고 완전하게 할 수 있을지라도, 그는 오직 지상적 구원만을 얻을 수 있고 천상적인 구원을 얻을 수 없습니다.

그러므로 은혜는 필수적입니다. 그 이유는 다음과 같습니다.

첫째, 인간의 모양, 곧 초자연의 추가적인 은사를 상실한 자연적 인간을 초자연적 상태로 다시 들어올리기 위해(상승시키는 은혜, *gratia elevans*)

둘째, 죄가 인간의 본성에 미친, 크고 작은 손상을 회복시키기 위해(치료하는 은혜, *gratia sanans*)

이는 지금 그리스도에 의해서, 그의 모든 충만 안에서 획득되어 있습니다. 이 은혜는 그리스도가 성육신과 그의 전생애에, 특별히 그의 고난과 죽음에 자신을 종속시킨 심오한 비하(卑下)를 통하여 얻게 된 은혜입니다.

하나님으로서든 인간으로서든 그리스도는 이러한 비하, 절대적인 비하를 겪어야 할 의무가 없었습니다. 이것은 전적으로 자발적인 것이었고, 명령이 아니라 작정을 따른 것이며, 무한한 가치를 지닌 '초자연적인 선행'이었습니다. 왜냐하면, 이것은 신-인의 사역이며 절대적인 자기 부인 그리고 하나님의 뜻에 대한 전적인 순종으로 구성되었기 때문입니다.

그리스도는 탁월한 고난자였고 신적인 순교자였습니다. 십자가, 곧 예수의 수동적 순종은 그의 신성과의 연합 때문에, 심지어 피 한 방울이 전

인류를 구속하기 충분할 정도로 매우 무한한 공로를 갖습니다.

로마교회는 그리스도가 이 모든 초자연적으로 풍성한 은혜의 분배를 교회에 일임한다고 믿고 있습니다. 그리스도 자신이 교회를 통해 지상에 살고 있고, 이와 같은 방식으로 그리스도의 성육신은 계속됩니다.

미사 안에서, 그리스도는 십자가에서의 희생제사를 피 없는 방식으로 반복합니다. 사제들을 통하여, 그리스도는 그의 은혜를 성례 가운데 교통합니다. 교황의 무오류한 입을 통해서, 그리스도는 그의 교회를 진리로 인도합니다.

무엇보다도 교회는 구원의 기관입니다. 교회는 성도들의 공동체나 신자들의 모임이 아니라, 여기 지상에서 구원하는 은혜와 진리를 보존하고 분배하기 위하여 하나님에 의해 설립된 초자연적인 기관입니다. 신자들의 교리와 삶 가운데 무엇이 부족할지라도 교회는 동일하게 남습니다. 왜냐하면, 교회는 그 중심을 사제직과 성례 안에 두고, 그것들로부터 항상 하나의, 거룩한, 보편적인, 사도적 특성을 공유하기 때문입니다.[64]

성직자와 평신도 사이의 구분은 전체로서의 교회에서 필연적이고 본질적입니다. 교회 안에 사제단에 해당하는 구원의 재화(財貨)를 소유하고 분배하는 "가르치는 교회"와 평신도에 해당하는 그것을 수용하고 즐거워하는 "듣는 교회"가 있습니다.

이런 구분은 교회 건물 안에서 성가대와 신자들 자리의 분리로 표현되었고, 점차 신자들의 테이블은 제사장의 제단으로 변형되었습니다.

---

64 교회의 속성에 관하여 사도신경은 거룩한, 공회를 믿는다고, 즉 거룩한, 보편적 교회 두 가지를 고백합니다. 반면에 니케아 신조는 하나의, 거룩한, 보편적, 사도적 교회라는 네 가지 속성을 고백합니다. 이를 종교개혁자들과 개신교에서도 그대로 받아들여지고 있습니다. 그러나 로마교회와 같이 교회가 절대적인 구원의 대리 기관이 되고 모든 성도의 신앙과 삶을 교회의 종속시키는 것에는 반대했습니다.

이들 성직자 중 주교는 중심을 차지하는데, 왜냐하면 사도들로부터 단절 없이 계승되고, 전통을 소유하고 있으며. 특히 "성직 재생 능력"(*vis generativa sacerdotii*), 즉 (후임자를 지명하고) 성직 서임 성사를 통해 사제직과 교회 자체를 대대로 재생산할 수 있는 권한을 가지고 있기 때문입니다.

주교 밑으로 다음과 같은 낮은 계급의 직분이 있습니다. (미사를 보조하는) 복사 또는 사역자들(akolythen of ministranten), 퇴마사들(duivelbezweerders), 독자들과 문지기들 또는 교회지기들(voorlezers en deurwachters of kosters)이 있고, 주교의 보조자이자 주교의 기관(氣管)인 장로와 집사가 있습니다. 그리고 위로 주교단(het episcopaat)은 대주교(aartsbisschop), 대교구의 교구장과 총대주교(metropoliet en patriarch)의 계급을 거쳐 교황과 일치와 긴밀한 관계를 맺게 됩니다.

교황은 단지 로마교회의 주교가 아니라 베드로의 후계자로, 전체 교회의 으뜸이자 그리스도의 대리자입니다. 오직 교황에 대한 의존과 교통 안에서만 다른 성직자 회원들이 그들의 능력을 갖추고 행사할 수 있습니다. 이러한 능력은 두 종류로 나뉩니다.

첫째, 종교적 활동을 수행하고 은혜의 수단들을 분배할 수 있는 권위를 주는 직제의 능력

둘째, 교회를 통치하기 위하여 직분 자체에 포함되거나 특정 위원회에 의해서 주어지는 법적인 능력

이러한 전체 권한은 봉사하는 자로서가 아니라, 통치하는 자에게 부여된 입법, 사법, 행정권을 지닌 실제적인 통치 권력입니다. 교황의 무오류성과 함께 "추기경 자리로부터" 선포된 교리는 정부의 법과 같은 동일한 특성을 갖습니다. 반면, 성례 가운데 사제들에 의해서 분배되는 은혜는 자

연적 인간을 더 높은 질서로 올리고 그가 초자연적인 선행을 할 수 있게 하는 신적 능력의 주입에 해당합니다.

(2) 로마교회의 7가지 성례

(로마교회의 7가지 미사, 견진성사, 서품에 관한 내용은 다음과 같습니다. 미사와 비교하면)[65] 말씀과 믿음은 종속적이고, 예비적인 의미가 있습니다.

사제에 의해서 "수행된 사역의 효력에 의하여"(ex opere operato) 어느 정도의 방해를 받지 않는다면 (집행되는) 성례 그 자체로부터 모든 사람에게 은혜가 임합니다.[66] 이런 방식으로 매 성례는 특별한 은혜를 수여합니다.

세례는 죄로 인하여 상실된 초자연적인 추가 은사를 회복시키고, 과거에 지은 죄로 인한 모든 정죄와 결함들을 제거하고 신자들을 공동체에 편입시킵니다. 견진성사(堅振聖事, confirmatie)는 강한 자와 약한 자를 분리하고 그들을 왕이신 그리스도 아래 군인으로 만듭니다. (성직을 임명하는 성사에서 행하는) 안수를 통해 주교가 사제, 부제를 임명하는 서품(敍品, ordening)은 평신도로부터 사제를 분리하고 그들을 대제사장이신 그리스도와 일치(gelijkvormigheid)하도록 세워 줍니다. 따라서, 이 세 가지 성사는 서로 다른 계층적 지위를 통합함으로 절대 지워지지 않는 흔적을 남깁니다.

다른 네 가지 성례, 영성체(領聖體, communie), 혼인성사(huwelijk), 고해성사와 종부성사(boete en laatste)는 일반적으로 받은 은총을 강화하고, 각 성사가 특별히 바라보는 목표를 추구하고 도달할 수 있게 해 줍니다.

---

65 [ ]내용은 번역자에 의해서 추가되었습니다.
66 로마가톨릭의 화체설에서 성찬을 집행하는 사제의 행동 때문에, 곧 "수행된 사역의 효력에 의하여"(ex opere operato), 물과 포도주가 실제 예수의 피와 살로 변합니다. 따라서, 로마교에서 "수행된 사역의 미덕에 의하여"(ex opere operato)라는 용어는 매우 중요한 의미를 가집니다.

특히, 고해성사에서 로마교에 따르는 교회의 치안과 법적인 성격이 분명하게 나타납니다. 신자가 세례로 모든 죄와 흠에서 완전히 해방되더라도 육체의 정욕은 그대로 남아 있습니다. 비록 이것은 그 자체로 죄는 아니지만, 종종 쉽게 죄를 지을 기회를 제공합니다. 세례 받은 사람이 지은 죄는 사제 앞 고해소에서 고백되어야 합니다. 재판관 역할을 하는 사제는 고해자의 완전한 입으로의 고백으로부터 저지른 죄의 수와 성격을 파악해야만 합니다. 사제는 죄에 대한 정죄와 영원한 형벌의 사함과 같은 사면을 거부하거나 부여할 수 있습니다. 후자의 경우 여기서 혹은 연옥에서 죄와 분리될 수 없는 일시적인 형벌의 대가를 치르기 위하여 특정 선행(기도, 금식, 구호금 등)의 처방을 부과할 수 있습니다.

이와 같은 방식으로 성례에서 사제로부터 초자연적인 은혜를 받을 때, 신자들은 초자연적 능력으로부터 파생되는 선행을 할 수 있고, 공로에 따라 초자연적인 구원에 이를 수도 있습니다.

로마교회에 따르면 은혜는 실제로 인간이 다시 선행할 수 있게, 그들의 목표를 성취할 수 있게 합니다. 그러나 이것은 하나님의 은혜 회복이 아니라, 인간이 선행을 통해 은혜를 다시 얻을 수 있게 하는, 인간 안에 있는 신적 능력이며 초자연적인 자질입니다.

그러므로 모든 것은 신자들이 성례를 통해 수용한 은혜의 능력을 어떻게 적합하게 사용하느냐의 문제로 귀결됩니다. 물론, 여기에 노력과 열망 그리고 열심에서 온갖 종류의 차이들이 포함됩니다.

(3) 로마가톨릭의 위계적 이원론적 세계관

천상적인 구원에 이르는 하나의 길이 있습니다. 그러나 모든 사람이 동일한 속도로 걷지 않고, 모두가 동일한 정도로 해야 할 일을 수행하는 것은 아닙니다. 기독교 윤리의 가르침 속에는 모든 사람이 지켜야만 하는 명령들이 있지만, 또한 자유롭게 따를 수도 있고 따르지 않을 수도 있는 권면들도 있습니다.

어떤 사람이 자신을 더욱더 희생하고 징계하고 세상으로부터 돌아서고, 특별히 순결, 가난, 순종에 대한 자원하는 서약을 지킬 때, 이를 통해 더욱 높은 완전에 도달하지는 못합니다. 그러나 시험의 위험을 덜 받으면서 더 빠르고 보다 안전한 방식 안에서 모든 신자를 위해 정해진 완전에 도달할 수 있습니다.

그러므로 로마교회에 따르면, 일반적으로 자신을 직업과 사업에 헌신하는 것, 가족, 사회, 국가 안의 삶에 헌신하는 것, 문화적 사역에 헌신하는 것은 그 자체로 죄 된 것은 아니지만, 많은 일탈, 정체 그리고 퇴보가 발생할 수 있는 위험을 동반합니다. 결국, 이들 영역은 더 낮은 질서에 속합니다. 여기서 사람들은 자신의 욕망에 따라 행동하고, 악한 영들과 마귀에 의해서 실제로 지배를 받습니다.

교회만이 이러한 시험의 권세를 깨뜨릴 수 있습니다. 교회는 다음과 같은 매우 다양한 방법으로 이를 행합니다. 성례들과 준성례들을 통하여, 거룩한 활동(축복, 법령, 주문) 등을 통하여, 거룩한 물건(부적, 성구, 성의 등)들을 통하여.

자연적인 것이 교회를 통해 정결하게 되지 않는 한, 그것들은 세속적이고 열등한 것으로 남아 있게 됩니다. 세상의 것에 대한 경멸을 불러일으켰던 동일한 원리가 또한 교회에 의한 세상의 지배를 잉태하게 했습니다.

이것은 이른바 이중 표준(二重 標準)의 원인에 해당합니다. 이는 차례로 공로에 대한 양도성의 교리로 발전하였고, 누군가의 나머지 공로는 다른 사람의 부족한 공로를 채워줄 수 있게 되었습니다. 순교자들, 수도사들, 수녀들, 성인들은 특별한 의미에서 자신들의 전 삶을 하나님께 헌신하는 최고의 수준의 성도들입니다. 그들은 자신들이 마땅히 성취해야 하는 것에 대한 한 개인의 헌신일 뿐만 아니라 (다른 사람에게 나누어 줄 수 있을 정도로 공로를 쌓는) 잉여적인 선행을 하였고, 따라서 그들의 공로는 교회의 보화를 증가시킵니다.

 이러한 보화들을 가지고 교회는 기도, 부적, 미사의 희생제사, 특별히 면죄부의 수단을 통해, 여기서 혹은 연옥에서 다른 신자들이 여전히 그들의 죄를 위해 감당해야 할 일시적 형벌을 경감시키거나 단축할 수 있습니다.

 하지만, 이 모든 방편을 통해 교회가 그들의 자녀들에게 확대한 은혜가 무엇이든지 간에 그리고 어떻게 확대했는지 간에, 이 은혜는 결코 그들에게 구원의 확신을 주지 못합니다. 그레고리 대제가 말했던 것과 같이 그들 편에서 소망과 두려움이 항상 혼합되어 있습니다. 일부는 특별한 계시를 통해 구원에 관한 보장을 받을 수도 있습니다. 다른 일부는 교황에 의해서 시성(거룩하다고 선언)되거나 시복(복되다고 선언)될 수 있습니다.

 그러나 신자들 대다수는 죽음 이후 더 짧거나 더 긴 시간 동안 연옥에 머물게 될 것입니다. 죽음 직후에 누군가에 의해 연옥에 갈지 여부가 결정되는 것이 아닙니다. 순교자와 같은 특별한 예외를 제외하고는 신자들 대다수가 연옥에 가게 되는데, 이는 정화되기 위해서가 아니라, 아직 받아야 할 일시적인 형벌의 대가를 갚기 위해서입니다.

 그러므로 지상의 다양성은 내세의 다양성에 상응합니다. 구약의 신자들이 죽었을 때, 그들은 지하 세계로 갔습니다. 거기서 그리스도에 의해서 첫 번째로 구원을 받습니다. 세례를 받지 않고 일찍 죽은 어린이들은 그들을 위해 마련된 앞마당으로 내려갑니다. 그리고 천국에서 축복받은 사람들 사이에도 위계질서가 남아 있습니다. 왜냐하면, 모든 사람이 "황금 면류관"을 받는 동안 특별히 거룩한 삶을 이끌었던 사람들에게는 "황금 화환"이 주어지기 때문입니다. 천사와 같이 모든 사람이 같은 거룩함과 구원에 참여하나, 다 같은 정도는 아닙니다. 천사들처럼 천국의 축복을 받은 사람들은 지금도 영적 계층을 형성합니다. 맨 위에는 마리아가 있고, 그녀 다음으로 계속해서 내려가는 체계 속에서 족장들, 선지자들, 사도들, 순교자들 등이 그 뒤를 따릅니다. 하나님과 그분의 성품에 더 가깝게 참여할수록 그는 더욱더 높은 지위에 있으며, 더욱더 지상에 있는 신자들의 존경 대상이 됩니다.

따라서, 경배에도 많은 차이가 있습니다. 오직 하나님께만 속한 경배(latria)가 있으며, 그리스도의 인성과 모든 성품(예를 들어, 거룩한 마음)이 경배의 대상이 되기도 하는데, 본성 그 자체를 위한 것은 아니지만 그 자체로도 경배의 대상이 됩니다. 성인들과 관련된 모든 것(의복, 주거, 무덤, 유물)은 그들의 거룩함의 향기를 공유하는 측면에서 평범한 종교적 숭배(dulia)와 상대적인 종교적 숭배의 대상입니다. 그러나 무엇보다 마리아에게 일반적인 종교적 예배(hyperdulia) 이상을 받을 자격이 부여됩니다.

탁월함의 등급만큼 많은 종류의 예배가 있습니다. 위계적, 군주적 질서는 천사와 복자, 세상과 교회, 평신도와 성직자, 예배와 예술에 대한 로마교의 교리를 지배하는 기본 개념입니다.

5. 종교개혁의 정신과 역동성

1) 루터와 종교개혁

로마 기독교의 확고함과 능력에 대해서 깊이 생각할수록 이러한 체계에 대하여 처음으로 홀로 대항하고 끝까지 이 저항을 견지했던 독일 종교개혁자에 대한 경외심을 더욱 크게 가지게 됩니다.

루터 이전과 이후 많은 사람이 로마교에 대항하였지만, 그들은 폭력적으로 진압되거나, 자신들의 입장을 철회하거나 포기했습니다. 그러나 루터는 자신의 견해를 유지했습니다. 보름스에서 그는 이런 고백을 했습니다.

보름스 성당 옆 루터 조형 공원

여기 내가 서 있습니다.
나는 달리 어떻게 할 도리가 없습니다.
하나님 나를 도우소서. 아멘!⁶⁷

이 말이 루터의 말인지에 관한 모든 의심을 배제하지는 않을지라도, 그를 고무시키고 투쟁하도록 했던 정신의 놀라운 표현입니다.

---

67 보름스 제국의회에서의 루터: 1521년 4월 18-19일 독일 카를 5세 황제가 보름스에서 최고위층 영주들과 성직자들이 참석한 제국의회에서 몇 년 전부터 시작된 루터의 종교개혁 운동으로 형성된 여러 대립을 자신의 로마가톨릭 신앙에 맞게 정리하려고 했습니다. 그때 루터는 이미 교황에 의해서 그의 사상은 제거해야 할 이단으로 몇 번 판결과 출교를 받았고 황제는 제국의회를 통해 루터를 정죄하여 로마가톨릭 신앙에 충실한 모습을 보이라는 교황의 칙령을 받은 상태였습니다. 자신의 저서들이 나열된 회의장에서 사상의 철회를 요구받았을 때, 루터는 하루 생각할 시간을 요청해 허락받았습니다. 그다음날 성경과 양심의 소리를 따르는 용감한 답변으로 믿음과 신념을 지켰습니다. "나는 내가 인용한 성경의 말씀에 사로잡혀 있고, 나의 양심은 하나님의 말씀에 의해 사로잡힌 바 되었습니다. 나는 (내 저술에 담긴 주장들을) 철회할 수도 없거니와 철회하지도 않겠습니다. 왜냐하면, 자기 자신의 양심에 불복하는 것은 옳은 것도, 안전한 것도 아니기 때문입니다." 루터는 회의 참석에 따른 신변 보호를 보장 받았지만 100여 년 전 후스와 같이 그것이 무시되고 언제든지 화형을 당할 수도 있는 처지에서 하나님께 자신의 마음을 토로하는 탄식도 함께 했습니다. "여기 내가 서 있습니다. 나는 달리 어떻게 할 도리가 없습니다. 하나님 나를 도우소서. 아멘!"

로마교회는 영원한 구원을 자신과의 교제에 종속시켰고, 그들에게 등돌리는 사람을 저주로 굴레 씌웠으며, 다시는 중보를 통한 섬김을 하지 않았습니다. 그런데도 루터는 로마교회에 저항할 용기를 가졌는데, 이는 그가 그리스도 안에 있는 하나님의 은혜를 믿음으로 갖게 되는 구원의 확실성을 경험했기 때문입니다. 그리고 이 경험은 그가 볼 때 구원에 관한 로마교회의 주장이 불필요한 것이 되게 했습니다.

종교개혁의 기원은 지적인 추론이나 의지적인 신중한 결정이 아니라, 종교적-윤리적 경험에 두고 있습니다. 이것은 루터가 1517년 10월 30일 비텐베르크성 교회 정문에 95개 조항을 붙이기 오래전부터 루터의 마음속에 이미 준비되어 있었습니다.

최근 몇 년 동안 이 주제에 관해 수행된 연구, 특히 1509/10년 롬바르드(Lombard)의 『명제집』(Sententiae)에 대한 루터의 여백 메모, 1513/15년 시편 읽기, 1515/16년 로마서 읽기는 이러한 사상을 의심할 바 없이 담고 있습니다. 아마도 1512년 루터가 바울이 로마서 1장 17절에서 말한 하나님의 의의 본질에 관한 새로운 통찰력을 얻었을 때, 그에게 이 빛이 비쳤습니다. 루터는 하나님의 의는 꾸짖고 벌하는 것이 아니라 오직 은혜롭게 용서하는 것임을 알게 되었습니다.

루터는 이 새로운 관점에서 출발하여 복음을 더욱 깊이 알아가는 데로 나아갔습니다. 대중 앞에 모습을 드러내기 전, 그는 이미 점차적으로 교회에 침투한 수많은 남용에 대하여 설교단과 강단에서 날카롭게 비판하기 시작했으며, 특별히 1517년 9월 4일 자 95개 논제에서 신학 연구에 대한 개혁을 촉구했습니다.

첫 번째 갈등은 테젤(Tezel)의 면죄부 판매로 발생하였습니다. 면죄부를 통해, 여기든지 연옥에서든지 지급한 돈의 대가로 일시적 형벌의 사면이 가능하게 되었고, 교황의 보화 창고는 막대한 수입을 얻었습니다.

루터가 비텐베르크 근처에서 이 소식을 들었을 때, 그의 마음이 동요되어 95개 논제를 쓰게 되었습니다. 그러나 루터는 어떤 방면으로도 면죄부 폐지를 주장하지 않았고, 단지 면죄부에 대한 정화와 제한만을 주장하였습니다. 그는 교회의 어떤 교리와도 충돌하지 않았고, 오직 교회의 실천과만 충돌했습니다. 사실, 그는 교회의 뿌리 깊게 박힌 남용에 맞서 교회의 명예를 위해 일어섰습니다.

그런데도 곧 루터에 대한 재판이 시작되었고 3년 이상 계속되었습니다. 재판은 1520년 6월 15일 교황이 서명한 교황의 금지령으로 종결되었습니다. 루터는 다른 교황 칙령들과 함께 이 금지령을 12월 12일 비텐베르크에서 공개적으로 불태웠습니다. 이로써 로마교회와의 교제는 단절되었으며, 개신교는 자신의 길을 가야만 했고 자신의 영역을 정복해 나가야만 했습니다.

이후의 모든 교회와 운동들이 개신교(Protestantisme)라는 이름으로 요약되었습니다. 직접 혹은 간접적으로 종교개혁에서 유래한 개신교라는 용어는 다음과 같은 역사적인 항의 사건의 배경으로부터 유래했습니다.

당시 독일 지역에서 당분간 제한 없이 로마교를 존속하게 함으로써, 종교개혁의 확산을 저지하고자 했던 다수의 결정이 있었습니다. 이에 반대하여 1529년 슈파이어(Speyer)에서 열린 독일 의회에서 복음주의적 영주들과 도시들이 이의를 제기한 사건을 배경으로 개신교라는 용어가 유래했습니다.

이런 이유로 개신교라는 이름으로부터 종교개혁의 원리와 특성에 대해서 어떤 정보를 적절하게 얻을 수 없습니다. 더구나 이 용어는 너무나 일반적이고 모호한 의미를 지니고 있어서, 개신교의 본질을 탐구하는 데 무용하고, 기껏해야 각자가 지향하는 방향을 자신의 방법대로 생각한다는 추상적인 문구에 지나지 않습니다.

반면, 루터의 종교개혁 활동이 일어났던 원리는 분명하게 구별될 수 있고 설명될 수 있습니다. 루터는 "성령의 조명"을 통해서 바울이 복음 속에서 증거한 하나님의 의는 하나님의 성품을 말하는 것이 아니라, 그리스도께서 성취하신 의를 의미한다는 것을 깨닫게 되면서 회심하였습니다.

문제의 핵심은 루터가 이전에 알려지지 않은 새로운 해석으로 로마서 1장 17절에 나타난 하나님의 의에 대한 관점을 제시했느냐 여부가 아닙니다. 왜냐하면, 하인리히 데니플레(Henry Denifle)는 루터만의 새로운 관점이 아니라는 견해를 반박할 수 없게 보여주었기 때문입니다.

로마교회의 교리와 실천 모두에 따르면, 로마교회의 경건은 항상 다음과 같은 특성을 보입니다. 세례 시 받은 은혜를 통하여 인간은 스스로를 하나님의 공동체에 합당한 존재로 만들 수 있고, 초자연적인 선행을 통하여 영원한 구원에 합당한 존재로 자신을 만들 수 있었습니다. 로마교에서 성화는 칭의에 선행했고, 인간의 행함은 하나님의 은혜에 선행했고, 공로는 보상에 선행했고, 그리고 윤리는 종교에 선행했습니다.

반면에 루터는 로마교의 이러한 길이 구원과 이에 대한 보장으로 이끌지 못하고, 특별히 바울의 말을 통해 신약에 제시된 복음은 완전히 다른 길을 제시한다는 것을 자신의 회심 경험을 통해 배웠습니다.

복음 안에서, 먼저 그리스도 안에서 인간에게 은혜를 주시고 자신과의 교제에 받아들이시고 그의 부성적인 은혜에 동참하게 하신 분은 하나님이십니다. 인간은 오직 이같이 풍성한 선물을 어린아이같은, 그리고 감사하는 믿음으로 받아들일 수 있을 뿐입니다.

이런 방식으로 전반적인 관계는 근본적으로 그리고 극적으로 역전되었습니다. 하나님이 다시 인간 앞에 자리잡게 되었고, 은혜 받기에 마땅치 않은 자들에게 베푸시는 하나님의 과분한 은혜가 인간의 활동 앞에 자리 잡게 되었고, 믿음이 행함 앞에 자리잡게 되었고, 그리하여 종교가 윤리 앞에 자리를 잡게 되었습니다.

이제 다음과 같이 하나님을 알게 되었습니다. 이전에 진노하시는 심판자로 두려워했던 하나님을, 지금은 값없이 모든 죄를 용서하시는 하나님으로 알게 되었습니다. 또한, 어떤 공로도 없이 하나님의 은혜를 받고 하나님과의 교제에 동참하게 되었습니다. 이전에는 그의 마음이 죽음에 대해 슬퍼하고, 하나님의 진노의 그림자 아래 두려워하며 떨었다면, 지금은 사랑과 감사의 마음으로 선행하고자 하는 내적 열망을 받았습니다.

그러므로 종교개혁과 로마교회의 근본적인 차이는 후에 공식화되었던 칭의가 법적인 것이냐 혹은 윤리적인 것이냐에 관한 문제가 아니었습니다.

> 종교개혁과 로마교회와의 차이는 법적인 죄 사함과 실질적으로 변하는 윤리적 측면 모두를 포함하는 칭의가 하나님과의 관계와 마음의 내적 성향을 변화시킬 때, 이러한 변화가 하나님의 은혜가 미친 영향에 의한 것이냐 혹은 인간의 행함에 의한 것이냐에 관한 문제였습니다. 또한, 선행하는 은혜에 의한 변화인가 혹은 후속하는 보상에 의한 변화인가의 문제였습니다. 오직 믿음에 의한 변화인가 혹은 믿음과 함께 행함도 함께한 결과에 의한 변화인가의 문제였습니다. 하나님이 인간에게 내려오시는 것에 의한 변화인가 혹은 인간이 하나님께 올라가려는 시도에 의한 변화인가에 대한 문제였습니다.

이러한 기본적인 개념으로부터, 루터는 자신의 길을 계속 가면서 로마교와 더욱 심각하게 그리고 더 많은 관점에서 갈등하게 되었습니다. 그러나 종교개혁은 처음과 마찬가지로, 미리 정해진 계획대로 진행되지 않았습니다. 처음과 마찬가지로 종교개혁의 과정은 지적인 계산 작업으로 이루어지지 않았습니다. 특별히 루터는 논리적이고 체계적이지 않았고 탁월하게 조직화하는 재능도 뛰어나지 않았습니다.

수백 권에 달하는 그의 책과 팸플릿은 거의 모두 그때그때 필요에 따라 별다른 체계 없이 간헐적으로 출판된 저서들이었습니다. 루터에게 부족한 점은 멜란히톤(Philip Melanchthon, 1497-1560)에 의해서 보충되었고, 루터는 그를 존경했습니다. 멜란히톤은 종교개혁 사상의 혼돈에 통일성과 질서를 가져온 최초의 인물이었습니다.[68]

2) 루터의 종교개혁 특징 세 가지

루터는 추론적인 사고를 하는 사람이 아니라 직관적인 사람이었습니다. 정신과 독창성의 사람이었고, 힘과 용기의 사람이었고, 의지와 행동의 사람이었습니다. 조직적이지는 않았지만 창조적인 본성을 가졌고, 교회의 교사라기보다는 아버지에 가까웠습니다.

루터가 복음의 핵심으로 발견한 믿음에 의한 칭의의 원리는 그를 몇 가지 결론으로 이끌었습니다. 그 중에 세 가지는 특히 주목할 만합니다.

첫째, 믿음으로 의롭다 함을 받는 원리는 루터가 교회와 전통의 권위와 반대되는 성경의 권위를 깨닫게 해 주었습니다. 또한, 이 원리는 성경의 다양한 부분이 그리스도의 인격과 사역을 직접 다루지 않았다 해도, 적든 많든 간에 "그리스도를 실천한다"(Christus treiben)는 측면에서 그 가치를 인정하게 해 주었습니다.[69]

루터가 그의 영혼 안에서 경험한, 행함에 의해서 의롭다 함을 받는 것과 믿음으로 의롭다 함을 받는 것 사이의 대립 문제는 그의 의식 속에 전자를 설교하는 교회와 후자를 증거하는 성경 사이의 대립 문제로 객관적으로

---

68 루터의 측근이었던 멜란히톤은 『신학통론』을 통해 최초로 종교개혁 사상을 체계적으로 제시하였습니다.
69 그리스도를 설교하고 실천하는 것(Christus predigen und treiben).

자리잡게 되었습니다.

둘째, 믿음으로 의롭다 함을 받는 원리는 루터가 교회, 사제 그리고 성례에 관하여 다르게 이해하도록 이끌었습니다.

성경만이 권위를 갖는다면 교회는 두 번째 위치를 차지하고 말씀에 종속됩니다. 종교개혁가들은 교회 자체를 거부하는 것을 생각하지 않았고, 또한 교회 없이 완전하게 다른 새로운 무엇을 세우는 것도 생각하지 않았습니다. 그들은 기독교 안에 그리고 교회 안에 그들의 두 발을 단단히 고정했습니다. 그들은 이 연속성을 확고하게 유지했습니다.

심지어 그들은 초기 기독교의 처음 네 공의회의 신조를 채택하였습니다. 그들은 삼위일체, 성육신 그리고 십자가를 통한 만족을 기독교 신앙의 근본적인 교리로 계속 간주했습니다. 이러한 한계 내에서, 그들은 몰래 들어온 오류와 남용으로부터 기독교와 교회를, 하나님의 말씀 규례에 따라 다시 정화하려 노력했습니다. 교회는 마땅히 교회다운 존재가 되어야 하는 그러한 상태를 다시 회복해야 했습니다.

교회는 사제직과 성례로 구성되어 있지 않습니다. 교회는 선지자와 제사장으로 기름 부음을 받은 모든 신자의 교제로 구성되며, 이들은 하나님의 백성, 그리스도의 몸, 성령의 전(殿, temple)입니다.

> 교회는 한 조직이 되기 전에, 이미 머리 되시는 그리스도로부터 자신의 생명을 받은 한 유기체입니다. 교회는 조직, 통치 그리고 예배와 함께 신자들의 신앙고백과 삶에서 그리스도의 말씀의 완전한 통치를 이루게 하는 것 외에 다른 목적을 가질 수 없습니다.[70]

---

70 Voordat de kerk een organisatie werd, was ze reeds een organisme, dat uit Christus als het hoofd zijn leven ontvangt, en dat met organisatie, regeering en eeredienst geene andere bedoeling kan hebben, dan om het woord van Christus in belijdenis en leven tot volkomene heeischappij te brengen.

셋째, 종교개혁의 원리로부터 종교적 삶과 도덕적 삶에 중요한 변화(verandering)가 발생합니다.[71]

루터의 말에 따르면, 죄 사함이 있는 곳, 생명과 구원이 있는 곳, 바로 거기에서 종교는 다시는 온갖 종류의 의무를 수행하는 것으로 구성되지 않습니다. 마치 이렇게 함으로써 하나님께 봉사하고 있는 것처럼 여기고, 이를 통해 하나님의 은혜를 얻어야만 하는 것처럼 여기는 것으로 구성되지 않습니다. 그리고 종교는 성인들, 형상들, 성물들에 대한 숭배로 구성되지 않고, 철야와 금식으로 또는 구제와 순례로 구성되지 않습니다.

> 내가 내 영혼의 구원을 간절히 바라는 것 같이, 나는 모든 우상 숭배와 주술과 점술과 미신과 성인들 혹은 다른 피조물에의 탄원을 멀리하고 피합니다. 나는 유일하신 참 하나님을 바르게 알게 되고, 오직 그분만을 신뢰하고, 겸손과 인내로 그분에게만 복종하고, 오직 그분에게서만 모든 좋은 것을 기대하고, 온 마음을 다해 그분을 사랑하고 경외하며 영화롭게 하게 됩니다. 나는 그분의 뜻에 어긋나는 가장 작은 일을 저지르기보다는 차라리 모든 피조물을 버리겠습니다(하이델베르크 요리문답 제94문. 하나님께서 첫째 계명에서 요구하는 규례는 무엇입니까).

---

71 이 같은 믿음을 통해 인간이 하나님과의 관계에서 겪은 변화는 자연스럽게 그의 내적 성향의 변화를 가져왔습니다. 'verandering'은 롬 12:2에서 사용되었습니다. "너희는 이 세대를 본받지 말고 오직 마음을 새롭게 함으로 변화를 받아 하나님의 선하시고 기뻐하시고 온전하신 뜻이 무엇인지 분별하도록 하라"(롬 12:2, 개정); "Do not be conformed to this world, but be transformed by the renewal of your mind, that by testing you may discern what is the will of God, what is good and acceptable and perfect"(Rm 12:2, ESV) ; cf. En wordt dezer wereld niet gelijkvormig; maar wordt veranderd door de vernieuwing uws gemoeds, opdat gij moogt beproeven, welke de goede, en welbehagelijke en volmaakte wil van God zij. Staten Vertaling, electronic ed.(Bellingham, WA: Logos Bible Software, 1997, 롬 12:1-2).

성도들의 도덕적인 삶 역시 하나님에 대한 무한한 신뢰로부터 그 기원과 힘을 얻게 됩니다. 옛 사람의 죽음과 새 사람의 부활로 구성되는 참된 회심은 일생 동안 지속되며, 죄에서 벗어나 하나님의 뜻에 따라 살아가는 것입니다. 선행은 하나님을 두려워하고 보상을 바라는 마음에서 수행하는 종과 같은 봉사가 아닙니다. 인간의 규례에 기반을 둔 온갖 종류의 금욕과 자기 학대가 선행이 아닙니다. 선행은 믿음의 열매이며, 그 표준은 하나님의 의지에서 발견됩니다. 그 목표는 하나님을 영화롭게 하는 데 있습니다.

선행은 가족 안에서, 지상 직업에서, 문화 활동에서, 형제들의 사랑 안에서 자신의 영역을 찾습니다. 이전에 경건한 사람들에서 발견되었던 그들과 세상에 대한 부정적이고 금욕적인 관계는 종교개혁 시대에 이르러 긍정적인 관계로 변화되었습니다. 그들 주변 자연과 문화에 대한 그리스도인들의 태도가 변화되습니다. 신자들은 자기 주변에서 그들의 활동의 영역에 주목합니다. 모든 정직한 직업은 하나님에 대한 소명이며, 공동체에 대한 봉사입니다.

3) 츠빙글리와 칼빈의 개혁파 종교개혁

이러한 기본적인 개념 가운데 종교개혁자들 사이에는 위대한 조화가 있었습니다. 그러나 곧 그들 사이에 차이점이 나타났습니다.

츠빙글리(Huldrych Zwingli)는 루터를 존경하면서 따랐지만, 그의 성례전 교리에 동의하지 않았습니다. 이런 차이점은 1529년 마르부르크(Marzburg) 회담에서도 해결되지 않았습니다. 후에 칼빈의 중재 노력에도 불구하고 사태는 더욱 악화하여, 1560년경 특별히 헤슈시우스(Tilemann Heshusius)가 주도한 루터교회에서 돌이킬 수 없는 분열로 이어졌습니다.

독일 종교개혁파와 스위스 종교개혁파 사이의 심오한 차이는 성찬을 둘러싼 분쟁에서 분명해졌습니다. 이들 사이의 차이점은 처음부터 모든 종류의 심리적·역사적 특성, 국가적·정치적 특성, 지리적·경제적 특성과 깊이 연관되어 있습니다. 그러므로 이를 하나의 공식으로 요약하거나, 어떤 추상적 원리로 축소하는 것은 어렵습니다.

그러나 모든 사람은 루터파와 개혁파 사이의 교회와 신학, 경건과 삶이 서로 다른 성격을 보인다고 느낍니다.

루터는 죄에 대한 하나님의 진노와 그에 대한 공포에 떠는 영혼의 경험을 통해, 그리스도 안에 있는 하나님의 죄 사함의 은혜가 주는 위로를 체험했습니다. 그에게 있어 믿음은 회개로서의 참회 그리고 율법이 가져다 준 공포와 두려움으로서의 참회에 선행했습니다. 루터는 자신의 이러한 경험을 회심에 대한 규칙으로 규정하려고 생각하지 않았지만, 회심하지 않은 사람에게 있어 율법의 중요성과 율법이 그들을 정죄하여 그리스도에게로 향하게 하는 율법에 대한 생각은 루터를 따르는 모든 사람 사이에 퍼져 나갔고, 이는 루터신학의 표지로 남았습니다.[72]

물론 복음의 강조점은 이미 교회의 서고 넘어짐이 달려 있는 이신칭의의 복에 있었습니다. 자신의 모든 죄가 은혜롭게 용서되었다는 의식을 가졌을 때 그리스도인들은 완전한 평안함을, 완전하게 복을 받았음을 느끼게 됩니다. 곧, 그는 자신이 은혜로운 하나님을 영접했다는 의식 속에 살고 이를 즐거워합니다. 이신칭의의 복음은 루터가 노래 속에서 종종 자세하게 표현했던 자유와 기쁨을 특징으로 하는 경건을 그에게 제공했습니다.

그러나 이것은 종교적 생명의 배후로 하나님의 선택을 찾아 나설 필요가 없다거나, 선행이 이신칭의에 대한 확증과 인침으로 필요로 하지 않는

---

[72] 종교개혁은 율법에 세 가지 기능이 있는 것으로 보았습니다. 제1기능: 모든 사람에게 해당하는 율법이 죄를 억제하는 기능입니다. 제2기능: 갈라디아에서 나오는 율법이 그리스도께로 인도하는 가정 교사(몽학 선생)와 같은 기능입니다. 제3기능: 거듭난 신자들이 어떤 삶을 살아야 하는지를 가르쳐 주는 교육적 기능입니다. 루터파는 제2기능을 중요시했고, 개혁파는 제2기능과 함께 제3기능도 중시했습니다.

다는 의미는 아니었습니다. 후에 루터는 예정을 취소하지 않고, 다만 주변으로 밀어 놓았습니다.

멜란히톤은 이를 약화했고 후에 루터신학에서 예정은 항론파(예지예정론 정도의) 의미에서 단지 유지되는 수준이었습다. 같은 방식으로 도덕적 삶, 특히 사회적인 그리고 정치적인 삶은 자신의 위치를 찾지 못했습니다.

루터는 가능한 강하게 칭의가 하나님에 대한 관계의 변화인 동시에 하나님에 대한 태도의 변화, 두 가지 모두라고 말하였습니다. 그리고 이와 더불어 믿음은 하나님의 은혜를 받아들이는 것, 인간이 새로워지는 것 모두라고 말하였습니다. 그러나 그런 믿음의 결과로 나타나는 도덕적인 삶을 매우 느슨하게 연관시켰고, 실제로 마지못해 율법과 연관시켰습니다.

그리스도인들은 율법으로부터 자유롭고, 관련이 없다는 태도가 율법에 대한 루터파의 지배적인 관점이었습니다. 태양이 광선을 바라고, 꽃이 그 향기를 퍼지게 하는 것처럼, 그들은 믿음의 결과로 선행을 산출합니다. 루터교회와 신학은 점차 순수한 배움의 보화(schat der zuivere leer)에 모든 명예를 돌리기 시작했습니다.

반면, 멜란히톤에 의하면, 교회는 '교사들'(docents)과 '듣는 자들'(auditores)로 나누어진 '학자의 모임'(coetus scholarsticus)으로 묘사될 수 있습니다. 교회는 복음을 설교할 수 있는 완전한 자유를 소유하는 한 만족할 수 있습니다.

그 밖의 것들, 곧 통치, 훈련, 가난한 자를 돌보는 것, 교육과 같은 일은 정부에게 맡겨집니다. 따라서, 그들에게 있어서 삶은 서로 거의 연관되지 않는 두 반구(半球, hemisphaeria), 곧 영적인 일과 일상적인 일로 나누어집니다.

교육 받은 프랑스인으로서 오랫동안 문학과 법학을 공부했던 칼빈은 오류에서 진리로, 의심에서 확실성으로의 구원으로 회심을 경험하였습니다. 그에게 있어 율법은 루터가 본 것과 같이 편향된 빛 속에서 보이지 않았습니다. 결과적으로, 칼빈의 입장에서 이신칭의는 구원에 있어서 매우 중요한 유익이지만, 복음의 유일한 유익은 아닙니다.

칼빈은 한탄, 두려움 그리고 걱정을 회개와 단호하게 구별하였습니다.

> 한탄, 두려움 그리고 걱정, 이러한 것들이 회심에 선행할 수는 있지만, 필연적으로 영적인 생명으로 이끌지는 못합니다. 회개와 참된 회심은 평생에 걸쳐 지속하고, 옛 사람의 죽음과 새 사람의 부활로 구성됩니다. 믿음은 은혜 언약의 약속으로부터 일어납니다. 은혜 언약은 성인, 부모들뿐만 아니라 잉태와 출생 시기로부터 그들의 자녀들 또한 포함합니다. 그러므로 자연과 은혜 사이에, 하나님의 섭리와 구속 사이에, 아버지의 사역과 아들의 사역 사이에 구별이 유지되면서, 연결 또한 있게 됩니다.[73]

같은 의미에서, 믿음의 삶을 널리 확장하여 그리스도인과 전 세계를 연결했습니다. 칼빈에게 이신칭의는 홀로 서 있지 않습니다. 그것은 한편으로는 선택에 닿아 있고, 다른 한편으로는 성화에 연결되어 있습니다. 칼빈에게 이신칭의는 은혜를 받아들이는 손일 뿐만 아니라 행위입니다. 새 생명의 원리는 하나님을 향한 경건 속에서, 자신을 향한 절제 속에서, 이웃에 대하여 의로움 속에서 그 자체가 분명해집니다.

그러므로 칼빈은 단지 종교적인 개혁이나 복음에 대한 순수한 설교의 회복으로 만족하지 않았습니다. 그의 비전은 더 멀리 뻗어 나갔고, 더 길게 관통되었습니다.

지금까지 우리가 다루어 온 로마가톨릭의 위계적인 이원론, 루터파의 영적 생활과 일반적 생활을 구분하는 이원론과 비교되는 칼빈의 그리스도 중심적인 통합적인 세계관은 다음과 같습니다.

---

[73] 인용은 번역자에 의한 것입니다.

그리스도의 기관인 교회는 말씀에 대한 올바른 사역을 보호해야 할 뿐만 아니라 교회의 조직, 통치 그리고 훈련에서 그리스도의 명령을 따라 행동해야 합니다. 교회는 또한 정부 당국으로부터 교회의 독립을 유지하고 변호해야 합니다. 비록 교회와 구별되고 자신 고유의 직무를 위임 받았지만, 정부는 하나님의 말씀에 매여 있는 것 못지않게, 교회와 하나님의 율법, 곧 두 돌판 말씀을 지키는 의무에도 매여 있습니다. 모든 가정, 시민 그리고 사회적 삶은 복음뿐만 아니라 율법에서도 발견되고, 신약은 물론 구약에서도 발견되는 하나님 말씀의 규율(tucht)에 복종해야만 합니다.

자연 속에서 하나님의 위엄의 희미한 빛이라도 비치지 않는 곳이 어디에도 없는 것과 마찬가지로, 인류 사회 전체는 하나님의 영광을 반사하는 거울이 되어야 합니다. 모든 것이 하나님에게서 왔기 때문에, 그러므로 모든 것이 하나님께로 돌아가야 합니다.[74]

칼빈은 루터의 인간론적이고 구원론적 입장에 반대되는, 신학적이며 하나님 중심적인 태도를 보였습니다. 칼빈의 반대는 모든 유대교 행위에 기반을 둔 거룩뿐만 아니라 또한 모든 이방 우상 숭배를 향한 것이었습니다.

원리적으로 금욕주의는 로마교의 토양에 속합니다. 경건주의는 루터에 호소할 수 있지만, 청교도주의는 칼빈의 정신적 산물(geesteskind)입니다.

---

74   인용은 번역자에 의한 것입니다.

6. 종교개혁 이후 19세기까지 기독교와 연관된 분파들과 사상들

1) 종교개혁 직후 등장한 두 양극단 소시니안주의와 재세례파

우리는 보통 종교개혁을 루터파와 개혁파 교회들에 군건하게 뿌리를 둔 영적인 운동으로만 생각합니다.

그러나 종교개혁은 얼마 가지 않아 소시니안주의와 재세례주의라는 두 운동 때문에, 곧 지나친 합리성을 추구하는 우파와 지나친 영성을 추구하는 재세례파 양쪽으로 인해 제한 받고 반대에 부딪혔습니다. 두 진영은 종교개혁과 어떤 친밀감이 있는 것으로 보이지만, 이들은 자연과 은혜에 대한 중세적 반대에 여전히 머물러 있었고, 각자의 방식을 정교하게 제시하였습니다.[75]

소시니안주의는 자연과 은혜를 매우 예리하게 해석하여 물질적인 것이 영원하다고 선언하였고, 인간은 본성상 하나님에 관한 모든 지식을 박탈당한 것으로 판단하였습니다. 인간은 영혼의 측면에서 죽음에 종속된 것으로 간주하였습니다.

하나님에 관한 지식과 하나님의 의지와 명령에 대한 지식은 오직 초자연적 계시를 통해서만 인간에게 부여될 수 있습니다. 인간에게는 순종을 통하여 영생에 참여할 수 있는 길이 열려 있습니다.

이런 맥락에서 그리스도는 (지상에 살 때) 초자연적 개념과 반복된 하늘로의 승천을 통하여 하나님에 대한 지식을 획득하였습니다. 여기에 더하

---

[75] 바빙크의 저서에서 종교개혁 이후 곧바로 등장한 두 극단적 분파인 소시니안주의와 재세례파에 대한 언급이 자주 등장합니다. 소시니안주의는 기적과 초자연적인 요소들의 배제하면서 최대한 또는 가장 적극적으로 기독교를 합리적으로 설명한 분파입니다. 재세례파는 반대로 세상의 모든 가치를 배제하고 영적 가치만을 추구하는 분파입니다. 결국, 이들의 경향은 후에 정통주의와 경건주의가 들어설 자리를 예비해 놓게 됩니다.

여 그리스도의 부활 미덕에 의해서 그는 완전한 순종 안에서 영원한 생명에 들어갔고, 우리에게 모범과 보장이 되셨습니다.

재세례파는 하나님의 의지에 관한 지식과 실천을 통하여 다른 사람들과 구분되고, 불멸성을 얻은, 일반 사람들 위에 고양된 엘리트와 귀족 사회가 등장하는 길을 열어 주었습니다. 재세례파는 소시니안주의와 동일하게 자연과 은혜에 대한 대립으로부터 출발하였지만, 이를 민주주의적 방향으로 적용하였습니다. 의식적으로 회심하였고 자유롭고 명시적인 선택으로 세례를 받은 신자는 세상을 떠나야 했습니다.

교회는 이러한 측면에서 전적으로 부패해 있었습니다. 따라서, 교회는 모든 문화를 거부해야 하고, 그들 자신의 범주 안에서 하나님의 나라를 실현하는 세속을 떠난 공동체로서 독립적인 생활을 해야 합니다. 필요하다면 강압과 폭력이 사용되고 대안적으로 그들은 그리스도가 재림하여 이 땅에 그의 왕국을 세우는 날을 인내하면서 기다려야 할 것입니다.

2) 17세기 로마가톨릭과 개신교

두 운동 모두 종교개혁에 그다지 큰 피해를 주지는 않았습니다. 더욱 큰 피해는 로마교회에 의해서 이루어졌고, 그들은 왕성한 노력을 통해 쇠퇴한 자신들을 다시 일으키고자 했습니다.

트리엔트 공의회에서 교회는 모든 가장 중요한 관점에서 종교개혁과 반대되는 입장을 확고하게 견지했습니다. 원리적으로 로마교회는 어떤 것도 인정하지 않았고, 완전하게 그들 자신의 모습을 유지한 채로 남아 있었습니다.

그러나 이와 동시에 로마교회는 진지하게 성직자, 수도승 그리고 일반 신자들의 삶의 개혁에 착수했습니다. 로마교회는 스콜라주의로 되돌아갔고, 이를 통해 널리 알려진 로마교회의 교리, 통치 그리고 예배에 대한 모든 공격에 대항하여 학문적으로 무장하고자 했습니다.

로마교회는 예수회를 통해 종교개혁으로 잃어버렸던 많은 영역을 여러 나라에서 되찾는 데 성공했고, 선교를 통해 미국, 인도 일본 그리고 중국으로 확산하였습니다.

종교개혁자들은 로마교회의 권세가 약해지고 시들 것을 기대했지만, 역사는 다르게 흘러갔습니다. 로마교주의와 개신교주의는 서로 나란하게 계속 존재해 나갔습니다. 종교개혁은 로마교회가 자체적인 개선을 추진하게 하는 촉매가 되었고 회복의 수단이 되었습니다.

모든 종교적 운동들은 그 자신의 권리 측면에서는 중요했습니다. 그러나 이들 모두는 십자군 전쟁 이후 등장하여 새로운 시대로 이끌었던 한 강력한 영적 흐름의 한 부분에 불과했습니다.

중세 시대는 교회가 모든 삶의 중심이 되고, 모든 문화에 교회의 표지를 남기는 것으로 특징지어집니다. 한 교회, 한 기독교, 한 교황, 그리고 한 황제, 한 언어와 학문과 예술이 있습니다.

그러나 이런 연합은 점차 목을 조이는 듯한 숨막힘을 느끼게 했고, 이러한 압력으로부터 도망가려는 주목할 만한 노력은 어디에나 있었습니다. 모든 곳, 모든 영역에서 자유와 독립 그리고 해방과 세속화의 움직임이 나타나기 시작했습니다.

사회는 봉건 제도 붕괴라는 중요한 변화를 겪었습니다. 귀족들의 권한은 감소하였고, 자유로운 시민 계급이 증가하였습니다. 정치적으로 사람들은 교회의 속박으로부터 더욱 멀어져 갔습니다. 자신들의 민족성을 의식하기 시작하였고, 주들과 도시들을 통하여 통치자들의 독단을 제한하였습니다. 지리적으로 서아프리카, 미국, 인도의 회복과 함께 비전의 범주는 모든 지역으로 확대되었습니다. 항해, 무역 그리고 산업은 새로운 발전의 시대를 맞았습니다.

철학에서 중세 스콜라주의는 버려졌습니다. 처음에는 플라톤, 아리스토텔레스, 제논, 그리고 에피쿠로스에 대한 연구로 돌아갔다가, 그후에 베이컨, 데카르트와 함께 여러 사람은 그들 자신의 방법을 추구해 나갔습니다. 예술과 문학에서 고딕 양식으로부터 돌아섰고, 고대와의 연결을 찾았습니다.

이를 통해 사람들을 야만에서 구속하고, 독립적이고 자유로운 존재로 일으키고자 했습니다. 모든 요인은 새로운 시대를 형성하는 데 기여했고, 어떤 영향들은 오늘날까지 계속해서 남아 있습니다.

교회는 이들 신흥 세력을 멈추게 할 수 없었고, 그들을 지도할 방법도 알지 못하였습니다. 교회는 자신들의 교리 체계에 매달렸고, 더욱더 실제적인 삶과 거리가 멀어지게 되었습니다.

17세기 중엽이 되기 얼마 전, 정통주의의 무덤 시기에 들어갔습니다. 자연스럽게 이에 대항하는 반작용이 있었습니다. 17세기, 특별히 17세기 후반은 교회와 신학에서 만족하지 못한 주체들의 각성을 통해 다른 방법으로 만족을 찾은 시기로 특징지어집니다.

심지어 로마교회 안에서도 병행하는 방향을 식별할 수 있습니다. (마르그리트 알라코크[Marguerite Alacoque]의 예수 성심 숭배 등과 같은) 많은 새로운 회중이 형성되었을 뿐만 아니라, 갈리아주의(Gallicanisme), 경건주의(Quietisme), 얀센주의(Jansenisme)는 각자 나름대로 로마 체제에 맞서 싸웠습니다.

개신교회의 반응은 훨씬 더 강력했습니다. 이런 사실을 확인하고 싶다면, 네덜란드의 프레키시즘(Precicisme), 성서주의(Biblicisme), 콕케이우스주의(Coccejanisme), 라바디즘(Labadisme), 프랑스의 소뮈르 학파(de Saumursche school), 영국의 청교도(Puritanisme), 독립주의(Independentism), 세례주의(Baptism), 퀘이커주의(Quakerism), 독일의 경건주의(Piëtisme), 혼합주의(Syncretisme), 헤른후티즘(Hernnhuttisme) 등을 생각하면 됩니다.

교회가 희생된 엄청난 분열과 파열의 모습은 많은 사람으로 하여금 차이점을 극복하고자 하는 열망을 가지게 했고, 공동의 신앙고백으로 되돌아가 거기서 깨어진 연합을 회복시키고자 하는 열망을 일으켰습니다. 어떤 사람은 처음 공의회들에서, 사도신경에서 혹은 성경에서 공동 신앙고백을 찾을 수 있다고 생각했습니다.

3) 18세기 이신론과 합리주의

영국의 이신론자들은 가장 급진적인 접근을 시도했습니다.[76] 이신론은 모든 인간 안에 내재한 도덕성과 자연 종교에서 관점의 근거를 찾았습니다. 이러한 입장으로부터 그들은 모든 초자연적 계시는 불가능하고, 불필요하고, 알려지지 않았다는 것에 관한 철학적 토대를 논증하려고 했습니다. 그리고 그들은 성경은 초자연적 계시를 가르치려고 하지 않았고, 본질적으로 이성을 통해 그 내용을 다 알 수 있으며, 계시에 기반을 둔 종교는 존재할 수 없고, 결국 기독교는 자연종교라는 것을 비평적 논지를 통해 보여주고자 했습니다.

자신이 원하는 대로 행동하는 방종으로 특징지어지는 18세기 사람들은 또한 하나님, 미덕, 불멸 외에는 아무것도 필요하지 않다고 생각했습니다. 그들에 의하면 창조 시, 하나님은 인간에게 세상과 인간, 인간의 정신과 의지 모두에서 자신을 구원할 수 있고 자신의 완전함과 구원을 이룰 수 있

---

76 이신론은 하나님의 창조와 전능을 믿지만, 하나님이 창조 이후에 이 세상은 자신의 원리로 유지하게 하셨다는 이론입니다. 이들은 하나님의 초월은 믿지만, 하나님의 내재는 믿지 않습니다. 범신론은 이 세상과 하나님을 동일시합니다. 범신론은 초월을 믿지 않고 내재만 믿습니다. 기독교 유신론은 하나님은 무한히 초월해 계시지만 바로 여기에 내재해 계심을 믿습니다. 그리고 하나님이 초월하며 내재하시는 방법이 성경에서 언약이라고 말하고 있습니다. 무한히 초월해 계시는 하나님이 동시에 우리와 함께하시는 방식인 언약은 바빙크의 언약신학의 핵심적인 내용 중의 하나입니다.

는 충분한 능력을 구비시켜 주셨습니다.

이러한 사상들은 유럽 대륙에서 비옥한 토양을 발견했고, 경건주의와 합리주의에 따라서 이신론을 수용할 준비가 되어 있었습니다. 이 사상은 백과전서파에 의해서 프랑스에 전파되었고, 독일 계몽주의(*Aufklärung*) 신봉자들에 의해서 전파되었습니다. 교양 사회에 미친 영향과 비교할 때, 대중 사이에서는 그다지 큰 영향을 발휘하지는 못했지만, 기독교를 바라보는 기존의 방식에 전반적인 변화를 가져왔습니다.

> 이러한 전반적인 변화는 너무나 급진적이어서 새로운 개신교주의(een Nieuw Protestantisme)[77]의 탄생이라고 말하지 않을 수 없습니다. 지금까지 수 세기 동안 여러 교리는 논쟁 되어 왔지만, 기독교의 토대들은 손상되지 않았습니다. 그러나 이제 초자연적인 토대 자체는 훼손되었고 기독교는 완전하게 기독교 자체의 독특한 특성이 박탈 당했습니다.[78]

합리주의에 따르면, 기독교는 그 본질에서 역사적이며 그리고 눈에 보이는 형태로 나타나는 한해서는 창조와 같이 오래되었습니다. 기독교의 내용은 인간의 상식적으로 소유했거나, 결국 스스로 알 수 있었던 영원한 이성의 진리를 통합한 것에 불과합니다.

그러므로 원리적으로 합리주의는 종교개혁과 다릅니다. 종교개혁은 추상적인 이성에서 시작하지 않았고, 성경에 대한 반응 가운데 종교개혁 지

---

[77] 그리스도의 신성과 삼위일체가 그 중심에 있는 특별계시가 없는 기독교를 기독교라 할 수 있는지 우리는 심각히 고민해 봐야 합니다. 이러한 기독교 본질에 집중한, 19세기 말의 바빙크, 20세기의 칼 바르트 그리고 21세기의 카슨(D.A Carson)과 같은 신학자들이 자유주의 개신교에 새로운 기독교 또는 새로운 개신교주의라는 말을 사용하여 이를 전통적 기독교와 구분했습니다.

[78] 번역 시리즈 1권에서 번역된 "기독교의 본질"에서와 같이, 기독교의 토대는 그리스도의 신성, 성육신, 부활 등과 같은 그리스도 안에서 삼위일체 하나님의 자기 계시와 우리를 위하여 행하신 구원 사역에 관한 내용입니다.

도자들의 영혼 속에서 각성한 종교적·윤리적 경험에서 시작되었기 때문입니다.

다른 한편으로, 18세기 합리주의는 휴머니즘과 소시니안주의와 많은 유사성을 보여줍니다. 그러나 합리주의는 그 이해에 있어서, 16세기에 알려지지 않았던, 새로워진 자연 과학과 철학에 의해서 그들이 마음대로 사용할 수 있는 무기를 가졌습니다.

4) 19세기 기독교에 대한 긍정적 상황과 새로운 도전

18세기에 기독교에 대항하여 벌인 이신론과 합리주의의 투쟁은 19세기에 이르러 보다 급진적인 방법으로 수행되었습니다.

19세기의 특징(karakter)은 하나의 짧은 공식으로 설명할 수 없습니다. 그러기엔 너무 복잡합니다. 물리학과 마찬가지로 역사에 대한 각성, 기술의 발전과 교통의 확장, 민주주의의 발흥과 해방에 대한 열망에서 그 특징을 찾을 수 있습니다.

> 하지만, 분명한 사실로, 초자연주의에 대한 혐오가 광범위하게 거기에 내재하여 있고, 근대 문화 전체가 내재한 힘들과 법칙들만을 고려하는 데 그 초점이 맞춰져 있습니다. 철학, 물리학 그리고 역사는 비슷하게 이러한 방향으로 진행되었습니다. 점차 우위를 차지한 귀납적 방법과 인과율은 모든 곳에서 발견되었습니다. 의식적이든 무의식적이든 모든 연구에서 인도하는 원리가 된 진화의 개념은 **기독교의 초자연주의적 세계와 삶에 대한 관점**(werld en levensbeschouwing)을 위한 어떤 공간도 남아 있지 않은 것처럼 보일 정도로 그 영역을 좁혔습니다.[79]

---

79 근대와 현대로 이어지는 이 시대의 영의 영향에 대해서 바빙크가 말하고 있습니다.

기독교를 반대하는 공격은 매우 오랫동안 그리고 매우 넓게 수행되었으며, 기독교에 대하여 다음과 같은 비난이 쏟아졌습니다.

신약성경과 구약성경은 거짓되고, 위조되었고 신뢰할 수 없습니다. 그리고 최소한 기독교의 기원과 최초의 본질에 대해서 참된 정보를 주지 못하며, 이스라엘의 역사에 대한 참된 그림도 주지 못합니다. 예수의 삶은 너무나 모호해서, 그에 대해 어떤 확실한 것도 말할 수 없습니다. 예수가 역사적 인물로 존재했을 수도 있고, 후에 추종자들에 의하여 이상화되고 신격화된 예수가 역사적 인물로 존재하게 되었을 수도 있습니다. 또 예수는 전적으로 종교적 환상의 산물일 가능성도 있습니다.

그리스도를 따라 이름 지어진 교회는 이른바 그의 부활에 대한 믿음이라는 오류 위에 세워졌습니다. 기독교 역사 전체를 통해서 교회가 고려했던 자신들의 교리와 조직 그리고 예배 모두는 하나의 큰 일탈에 해당합니다.

기독교를 통해 복을 받는 것이 아닙니다. 오히려 기독교는 분열과 분쟁을 통하여, 박해와 이단 재판을 통하여, 모든 자유에 대한 오감과 모든 문화에 대한 반대를 통하여, 인류에게 저주가 되어 왔습니다. 기독교의 신조와 교리는 전적으로 쓸모없고 모든 측면에서 과학의 결과와 상충합니다. 심지어 기독교 윤리와 박애는 그 시대를 다했고, 우리 사회와 정치적 관계에 적용하기에 더는 적합하지 않습니다.

"모든 기적과 초자연적인 실재에 대한 거부로 그리스도의 신성, 선재, 부활, 성육신은 거부됩니다. 눈에 보이고 증명할 수 있는 것만 받아들이는 귀납적 방법 그리고 인과율, 진화론이 학문과 사회, 문화의 기준과 규범이 됩니다. 결국, 기독교는 기독교로 남아 있을 수 없게 됩니다." 바빙크는 이러한 우려를 다양한 저서에서 계속 강조하면서 경계합니다.

> 한마디로 말한다면, 기독교는 자신의 시대를 다했습니다. 우리는 완전하게 기독교를 능가했고, 우리가 현대 문명화된 사람이라면, 우리는 더 그리스도인이 아닙니다.[80]

근대 문화의 결과로서 기독교가 오늘날 스스로 발견할 수 있는 위기는 결과적으로 너무나 심각합니다. 그러나 우리가 사는 시대를 공정하게 판단하기 위하여 우리는 또한 다른 중요한 요소들에 동등하게 주의를 기울여야만 합니다.

첫째, 발전된 문화가 더욱더 불만족스럽다는 중요한 현상이 있습니다. 오랫동안 문화가 사람이 필요로 하는 모든 것을 제공하고, 사람들에게 종교를 불필요하게 만들 것이라는 생각이 있었습니다. 그러나 그러한 시대는 지났습니다. 곧 "레닌(Renan)의 시대"는 이미 우리 한참 뒤에 있습니다. 여기에는 많은 이유가 있습니다. 지난 세기 중엽에, 문화 혹은 더욱 정확하게는 문화의 남용 특별히 자연 과학의 남용은 많은 사람을 조잡한 유물론으로 이끌었습니다. 유물론에서 인간의 영혼은 살아 있을 수 없고, 인류의 가장 높고 고귀한 선들에 심각한 위험을 초래하기 시작했습니다.

둘째, 과학에 관한 연구를 보다 계속할수록 첫 번째 문화적 격변 동안 있었던 과학에 걸었던 과장되고 어리석은 기대들을 더욱더 충족시킬 수 없다는 것이 증명되었습니다. 과학의 발전에도 불구하고, 풀 수 없는 수수께끼들은 감소하지 않았을 뿐 아니라, 오히려 증가했습니다. 어디서든지 신비로 제한되고 둘러싸인 자기 자신을 보게 됩니다. 사물들의 기원, 본질 그리고 목적은 뚫을 수 없는 어둠에 가려진 채 그대로 남아 있

---

[80] 바빙크가 자주 언급하는 당시 기독교 대한 일반적인 관점입니다.

제1부 『기독교』(Het Christendom, 1912)   141

습니다.[81]

셋째, 점차 문화가 보다 더 귀족적인 되는 것이 분명해졌습니다. 아주 소수의 사람만이 문화의 유익을 취하고 그 복을 누리며, 대다수 사람은 그들의 특권을 박탈 당했습니다. 실제로 과학과 기술이 가져다준 자본주의는 그 자신의 능력을 강화하면서 보다 가난한 계층 사람들을 불쌍한 노동자의 상태로 더욱 몰아가는 것과 같이 보입니다.

천천히 그러나 분명하게, 지난 세기말을 향하여, 이 모든 것이 놀랄 만한 변화를 가져왔습니다. 과학은 겸손함 속에서 성장했습니다. 과학은 자신들의 한계를 인식하기 시작했고, 다시 한번 철학을 위한 공간이 만들어졌습니다. 칸트(Kant)의 발자취를 따랐고, 그다음은 헤겔(Hegel)의 발자취를 따랐습니다. 그들은 새로워진 학문을 통해서 얻은 결과의 기반 위에서 이상적인 세계와 삶에 대한 관점(세계관)을 세우고자 했습니다.[82]

유물론의 공기 속에서 숨을 쉴 수 없었던 예술은 자체의 독립성과 독특성에 대한 의식을 다시 얻었습니다. 보이는 현상을 넘어 위대하고 신비한

---

81 바빙크는 진화론이 창조를 거부하고 사물의 기원을 말하는 것은 과학적 근거가 아닌 접근할 수 없는 사물의 기원에 대하여 진화론적 관점으로 설명했다고 말합니다. 기독교는 그 기원을 하나님의 계시에 근거해서 창조라고 말합니다. 사물의 기원은 우리의 추적 밖에 있고 단지 어떤 방식으로 그것을 설명하느냐의 문제만 우리에게 남겨져 있습니다.

82 앞에서 언급된 이신론과 합리주의는 경험론과 합리론을 말합니다. 둘의 대립이 칸트에서 조정되면서 기독교를 위한 공간을 마련했는데 그것은 윤리적 종교였습니다. 그 자체는 기독교적이지는 않지만, 여기서는 보이지 않고 영원한 영적 세계를 거부했던 시대의 기독교가 차지할 수 있는 공간을 확보한다는 측면에서 칸트를 좋게 평가하고 있습니다. 그 이후에 헤겔이 범재신론적인 관점에서 관념론을 완성했습니다. 그것 역시 기독교에 대한 새로운 해석이지만 나름의 의미를 부여합니다. 이후 19세기 후반에는 거대하게 구축해 놓은 헤겔의 관념론이 무너지면서 광범위한 반작용이 일어납니다. 신학뿐만 아니라 사회, 문화 모든 면에 광범위한 영향을 미친 신칸트주의가 하르낙에 의해서 신학에도 적용되었고 인기를 얻었습니다. 이후 포스트모더니즘의 3대 무신론자들 니체, 프로이드, 마르크스가 등장하는데, 이에 관한 내용이 간헐적으로 바빙크의 저서에 나옵니다.

삶으로 되돌아갔고, 자연주의(naturalism)에서 벗어나 상징주의(symbolisme)로 전환했습니다.

종교 또한 이전의 영광을 회복했습니다. 현대인이 자연으로부터(van), 그 자신에게로(tot) 되돌아왔을 때, 그들은 자신의 영적인 삶의 신비를 의식하게 되었습니다. 종교는 사라질 환상으로 그에게 나타난 것이 아니라, 인간 본성에 지울 수 없는 본질적인 성분으로 나타났습니다.

종교들의 역사는 이것을 확증하는 인을 쳐줍니다. 따라서, 많은 범주에서 종교적 의식과 종교에 대한 필요성에 대한 각성이 있었습니다. 이러한 필요는 다음과 같은 매우 다양한 방향에서 충족됐습니다. 이슬람과 불교 그리고 보다니즘(Wodanisme)[83]에서 종교적 필요가 충족됐고, 예술과 자연이나 인간 숭배 가운데, 강신술, 점성술, 마술 등에서 종교적 필요가 충족됐습니다.

이러한 이유로 대중을 사로잡아 종교를 대체하고 지상천국을 약속했던 사회주의조차도 최근에는 그 대변인들 사이에서 종교에 대해 더욱 우호적인 태도를 보입니다.

이러한 종교 부흥이 직접 기독교에 어느 정도 큰 유익을 주지는 않음에도 불구하고, 이러한 부흥 자체는 아주 중요합니다. 왜냐하면, 이것은 사람은 빵으로만 살 수 없고 하나님 입에서 나오는 모든 말씀으로 살아야 한다는 사실을 증명해 주기 때문입니다. 더구나 기독교는 죽지 않았고 살아 있다는 것을 주목할 가치가 있습니다.

기독교와 관계를 단절한 범주에 있는 사람들은 자신들의 입장을 종종 잘못 대변합니다. 그들은 기독교가 스스로 죽었다고 선언하기 때문에, 기독교가 곧 땅에 묻히게 되고 그 명예를 잃을 것이라고 상상합니다.

---

83 'Wodanism'은 현대 게르만 다신교의 한 형태로, 주로 영국과 북유럽의 신들을 숭배하는 신앙 체계입니다. 이 신앙은 특히 Woden(또는 Odin)이라는 신을 중심으로 합니다. 보다 자세한 내용은 다음의 참조하십시오. https://wodenism.weebly.com/e

그러나 현실은 전혀 다릅니다. 중세 말기, 많은 사람이 '세 명의 사기꾼'을[84] 말했지만, 로마교회 내부와 외부 양쪽에서 기독교 신앙의 부흥과 함께 새로운 시대가 시작되었습니다.

18세기의 사람들은 합리주의의 승리가 확실하다고 생각했습니다. 그들 생각에, 기독교가 약한 처지에 놓이게 된다면, 당시 초자연주의는 방어할 힘이 없었기 때문입니다.

그러나 보십시오. 그때 가톨릭과 개신교 모두에게 새로운 생명을 주는 강력한 부흥(the Réveil) 운동이 일어나 세계적인 사건들로 충격을 주었습니다.

로마교회는 몰락에서 일어섰을 뿐만 아니라 명성과 권력도 되찾았습니다. 그 누구도 로마교회가 취약하다고 생각하지 않았고, 이미 문화에 맞서다가 한 번 이상 패배했습니다. 그리고 로마교회 밖의 교회들은 또 다른 영들이 새 생명과 활발한 활동의 인도를 받으며 번성했습니다.

---

84 17세기 익명의 저자가 쓴 『세 명의 사기꾼』은 모세, 예수, 모하메트를 사기꾼으로 묘사했고, 당시 금서였습니다.

7. 기독교의 생명력과 전망[85]

1) 성경을 통해 다가오는 하나님의 말씀 능력

무엇보다 기독교는 조용할지라도 사람들의 마음속에 날마다 강력한 영향력을 행사하고 있다는 사실을 잊어서는 안 됩니다.

물론, 구약과 신약의 성경에서 모든 것이 똑같이 높은 순위를 차지하지 않으며, 모든 것이 같은 목적을 갖도록 정해지지도 않았습니다. 그러나 시편과 선지자, 복음서와 서신서에는 파괴할 수 없는 활력을 갖고 영혼의 깊은 곳을 감동을 주는 구절들이 있습니다.

모든 비평에도 불구하고 영과 생명을 감동을 주는 **하나님의 말씀이 성경을 통해 우리에게 다가옵니다.**[86] 그리고 그것은 성경을 읽고 연구하든지, 설교와 담론이든지, 성경에 대한 권면이나 위로든지, 이들을 통해 사람들에게 다가와 자신을 드러냅니다.

하나님의 말씀은 인간의 마음에 적개심을 불러일으킬 수 있습니다. 그러나 그것은 또한 다른 성경 말씀과 같이 유익하고 복될 수도 있습니다. 그것은 가장 깊은 정서를 일깨우고, 영혼의 근본적인 토대까지 흔들어 놓습니다. 그것은 죄를 발견하게 하고, 정죄에 대한 의식을 날카롭게 하며, 마음이 부서질 정도로 회개와 자책을 불러일으킵니다. 동시에 죄 사함에

---

85 지금부터의 내용은 『기독교』에 대한 바빙크 전체의 결론 중 한 부분과도 같습니다. 이것은 단순히 특정 결론이나 이론을 제시하는 것이 아닙니다. 그가 가진 신앙, 신앙적 경험, 말씀과 관련 신학에 대한 확신, 이 모든 것을 통해서 성경적 의미로서 "하나님의 말씀"의 사역을 중심으로 지금까지 논의의 결론으로 제시하고 있습니다. 이것이 바빙크가 성경의 주제인 교리를 다루는 방법입니다. 먼저 해당 주제에 대한 성경적 의미를 다루고, 교회사적 의미를 가능한 공평하게 다루고, 오늘날 논쟁이나 투쟁 가운데 있는 문제가 무엇인지를 살펴보고, 결론적으로 본인의 신앙과 신앙 경험과 성경적 확신 가운데 가장 성경적이라고 고려되는 내용으로 결론을 맺습니다.

86 강조는 번역자에 의한 것입니다.

대한 의식을 부어주고, 감사와 기쁨으로 채워주며 새롭게 살고 일할 수 있게 해 줍니다.

그리고 이러한 말씀에 대한 종교적, 도덕적 경험은 매우 강력하고 풍부하여 언제나 복음과 연관된 이성적 추론을 이기게 합니다. 또한, 선지자와 사도들의 말씀을 통해 하느님께서 매우 특별한 방법으로 우리에게 오시며 우리와 그분의 친교를 열어 주신다는 고백으로 이끕니다.

2) 급변하는 국제 정세 속에서 선교의 중요성

이 축복은 심지어 기독교의 공식 대표자들이 이단, 과학, 문화에 대항하는 투쟁에서 전쟁 도구(machine de guerre)인 하나님의 말씀을 잘못 사용하여 남용했을 때도 항상 기독교에 의해 전파되었습니다.

기독교가 주입하는 새 생명에서는 항상 자비와 복음 전파와 선교라는 가장 아름다운 방식으로 기독교 자체를 드러내는 강력한 행동이 나옵니다. 이번 세기 또한 이를 증거하고 있고, 이와 같은 그리스도인의 사랑의 중요한 사역에 대해서 보다 많은 사람이 눈뜨게 되었습니다.

특별히 선교에 대한 견해가 최근에 몇 년 동안 크게 변했습니다. 이전에 선교를 멸시하고 경건에 관한 말만 하면서 선교를 조롱했던 사람들이 지금은 선교를 찬양하고 지원하기를 시작하고 있습니다.

게다가 시대가 변했습니다. 곧 동방이 각성하고 심각한 위험으로 우리를 위협하고 있습니다. 우리 문화는 이런 위협으로부터 많은 사람이 도망가고 자연으로 되돌아가는 데서 피난처를 찾는, 그러한 어두운 그림자를 보고 있습니다. 그뿐만 아니라 우리는 심지어 기독교를 보존할 수 있고, 풍성하고 더욱 성장한 기독교를 우리 후손들에게 물려줄 수 있을지에 관한 확신을 갖지 못합니다.

이슬람이나 불교가 자체적으로 힘을 얻고 선교에 참여한다면, 그들이 현재하는 것과 같이, 기독교뿐만 아니라 부패와 파괴로 현대 문화 전체에도 위협이 될 것입니다. 선교는 우리 시대의 긴급한 요구입니다. 여전히 자신을 그리스도인이라고 부르기 원하는 모든 사람이 선교를 지원할 가치가 있습니다. 기독교 안에서 영원한 가치를 깨달았던 모든 사람은 선교를 지원할 가치가 있습니다. 마찬가지로 하나님이 기독교 안에서 섭리 가운데 인류에게 주신 가장 고귀한 선에 감사하는 모든 사람은 선교를 지원할 가치가 있습니다.

그러나 현재 이들 종교는 여전히 능력과 영향이 적습니다.

3) 그리스도 안에서 기독교와 문화와 통합의 가능성

지난 세기에 얻은 수백만 명의 개종자 수는 기독교가 자국 내에서 겪고 있는 막대한 손실보다 크지 않으며, 비 기독교 민족이 이미 누리고 있는 엄청난 성장에 비하면 거의 아무것도 아닙니다. 그럼에도 선교는 기독교의 생명력(vitaliteit)을 보여주는 강력한 증거이며, 기독교가 당면한 내·외적인 문화와의 전투에서 최고의 무기 중 하나입니다.

> 현재 상황으로는 기독교와 문화가 서로 적대적이기에, 서로 통합이 가능하다는 희망이 전혀 근거가 없습니다. 하나님이 참으로 그리스도 안에서 우리에게 오시고, 그리스도가 이 시대에 만물의 유지자요, 통치자시라면 통합은 가능할 뿐 아니라 필요한 일이며, 때가 되면 반드시 그에 대한 빛이 비칠 것입니다. 일부 현상은 이미 그러한 방향을 가리키는 것 같습니다.[87]

---

[87] 번역자에 의한 인용과 같이, 바빙크의 다수의 저서에서 암울한 현실과 불확실한 미래 가운데 그리스도 안에서 하나님이 선을 이루실 것이라는 전망으로 결론을 맺는 경우가 자주 발견됩니다.

그러나 계몽주의(*Aufklärung*)의 합리주의와 달리 칸트와 피히테, 셸링과 헤겔이 지도하는 새로운 철학이 다시 역사적 기독교와 연결을 시도했으며, 적어도 역사적 기독교의 사상을 그들 자신의 견해를 따라서 이해하고 평가하려고 노력했다는 점은 주목할 만합니다.

유물론의 오류들 이후, 이 철학은 다시 돌아와 관념론의 방향에서 정신을 다시 한번 이끌었습니다. 즉, 물질보다 정신이 우월하다는 관념론 철학으로 이끈 것입니다. 이것은 여전히 기독교와 거리가 멀지만, 기독교로 가는 길을 포장해 줄 수 있습니다.[88]

더욱이 저명한 자연주의자들과 역사가들의 삶을 조사한 결과, 그들의 추종자들을 통해 우리가 믿게 하는 것보다 이들 학자의 친밀한 사상이 기독교에 훨씬 더 가까웠다는 사실이 드러났습니다. 그들의 입에서는 종교와 기독교에 대한 감사의 말이 드물지 않게 나오고 있습니다. 그리스도교를 받아들이려고 노력하는 사람들의 수가 거의 매일 증가하고 있습니다. 그러므로 교회, 고백, 교리는 종종 이에 대한 대가를 지불해야 합니다.

개인주의 시대에 모든 사상가, 더욱이 자신을 사상가라고 생각하는 모든 사람은 마치 인간 정신의 독창성은 끝이 없고, 모든 다른 의견은 지난 세기에 한 번도 표현된 적이 없는 것처럼, 자신이 기독교에 대한 독립적인 구성을 해야 할 의무가 있다고 생각합니다. 사실 어떤 개념이라도 동류 집단에서 공감과 승인을 발견하지 못할 만큼 어리석을 수 없기는 합니다.

그러나 전체적으로, 이것은 누구도 기독교를 무관심하게 지나칠 수 없다는 것을 증명하고, 다음의 질문에 답해야 할 과제가 남아 있음을 증명합니다.

너는 그리스도에 대해 어떻게 생각하느냐?

---

[88] "기독교의 본질" 번역본에서 바빙크가 분석한 18세기 이후 시작된 기독교의 본질에 대한 역사적 추세에서 이 내용을 자세하게 확인할 수 있습니다.

기독교에 관한 독단적인 관심과 노력 가운데, 그들은 언젠가 모든 사람을 만족시킬 수 있는 통합(synthese)이 발견될 것이라는 실망스러운 기대를 회피합니다. 교회와 기독교의 연합은 돌이킬 수 없을 정도로 우리와 멀리 떨어져 있습니다.

　종교를 포함한 모든 분야에서 차별화가 심화하고 있습니다. 로마가톨릭과 개신교, 루터교와 개혁파가 나란히 공존하는 데 익숙해져야 했던 것처럼, 하나님께서 우리에게 더욱 많은 것을 가르치시기를 원하시는 것 같습니다.

　이전 세기 우리 마음의 사랑이 부족함(liefdeloosheid)에 대한 하나님의 가르침은 아직 충분히 명확하거나 심각하지는 않습니다. 치열한 전투 속에서는 다른 방향의 존재에 대한 실존과 권리도 인정하기 어렵지만, 전투가 끝나고 화약이 제거되면 적대감은 종종 상황을 묵인하게 만들고, 때로는 우호적인 관계와 연합 행동을 하게 만들기도 합니다. 정치는 이러한 사례를 계속해서 제공하며, 기독교 역사도 그에 못지않게 사례가 풍부합니다.

4) 거룩한 삼위일체 안에서만 만족하는 인간의 가장 깊은 욕구

　그리스도교 안에서 자란 모든 사람, 어떤 의미에서 인간이라는 이름을 가진 모든 사람을 하나로 묶고 결속시키는 것은 인간 마음의 영원한 욕구입니다. 인류는 그 궤도를 따라 발전할 수 있었고, 인간은 항상 동일하게 유지되었습니다. 그의 본성은 어디에서나 동일하게 나타나며, 그의 마음은 오직 하나님에 의해서만 만족할 수 있습니다.

　왜냐하면, 인간의 가장 깊은 욕구는 언제나 모든 유한한 존재가 무한하고 영원하신 분 안에 안식한다는 사실로 귀결되기 때문입니다. 그분은 공의로우시고 거룩하신 하나님, 죄를 미워하시고 사악함에서 멀리 떨어져 계시는 분으로 생각될 수밖에 없습니다.

인간에게 위로와 평화가 있으려면, 이 공의롭고 거룩하신 하나님은 또한 죄에 대해 속죄하고 용서해 주시고, 우리를 죄책에서 해방해 주시고, 은혜로 우리를 그분의 자녀로 입양하시는 자비롭고 자비로운 아버지셔야 합니다.

그리고 그분은 약속하신 것을 실현하실 수 있고, 세상과 인류를 중생과 성화의 방식으로 하나님의 나라로 재창조하실 수 있는 전능하시고 신실하신 분이어야 합니다.

이것은 인간 마음의 지울 수 없는 욕구이며, 건립된 기념물만큼 확고한 역사적 사실로 우리 앞에 서 있는 기독교의 기본 사상이기도 합니다. 성부의 사랑과 성자의 은혜, 성령의 교통에 대한 사도적 축도는 의심할 여지없이 공통된 기독교 신앙의 핵심입니다.

> 주 예수 그리스도의 은혜와 하나님의 사랑과 성령의 교통하심이 너희 무리와 함께 있을지어다(고후 13:13).

[부록] B. B. 워필드의 "그리스도 없는 기독교" 결론(바빙크 글 인용)[89]

　*　워필드는 바빙크가 "기독교"에 대하여 쓴 1912년 「하버드대학교 신학저널」에 기고한 "그리스도 없는 기독교"에서, 반기독교적이든 다른 기독교 본질을 주장하든지 간에 다양한 기독교에 대한 저마다의 견해들을 일축하면서, 바빙크의 다른 종교들과 기독교와의 근본적 차이점에 대한 글 인용으로 논문의 최종적인 결론을 대신하였습니다.

> 결국, 기독교와 다른 "긍정적" 종교 사이의 근본적인 차이점은 무엇입니까? 다른 종교의 창시자들은 하나님께로 가는 길을 지적하는 반면, 그리스도께서는 자신을 그 길로 제시하신다는 사실에 달려 있지 않습니까?
> 이것은 우리가 다음과 같은 헤르만 바빙크의 말을 들을 때, 우리가 받아들이는 기본적인 가르침입니다.[90]
> "붓다와 공자, 차라투스트라와 마호메드"는 의심할 바 없이 그들이 창설한 종교의 최초 고백자입니다. 그러나 그들은 이들 종교의 "내용"이 아니며, 그들이 창시한 종교들과 외적이며 어느 정도 우연한 관계에 있습니다.
> 다른 종교들에서 그 종교 창시자들의 이름이 잊히거나 그들의 인격이 다른 사람으로 대체되더라도 그들의 종교는 그대로 유지될 수 있었습니다. 그러나 기독교에서는 전혀 다릅니다.

89　Benjamin B. Warfield, "Christless Christianity," *in The Works of Benjamin B. Wareld: Christology and Criticism, vol. 3*(Bellingham, WA: Logos Bible Software, 2008), 367.
90　The Harvard Theological Review, v. 1912, pp. 423–473.

제1부 『기독교』(Het Christendom, 1912) 151

분명한 현상으로, 그리스도 역시 유일한 중보자가 되기를 바라지 않으셨고, 만일 그분의 원칙과 정신이 공동체에 계속 살아 있다면 그분은 자신의 이름이 잊히는 것에도 매우 만족하실 것이라는 견해가 때때로 표현됩니다. 그러나 스스로 기독교와 완전히 결별한 다른 사람들조차도 당파적이지 않은 방식으로 이러한 개념을 부인하고 반박했습니다.

(종교와 그 창시자와의 관계에서) 여러 민족의 종교와 그 종교를 창시한 사람들의 관계와는 완전히 다른 관계에서, 기독교는 그리스도의 인격과의 관계 가운데 서 있습니다. 예수는 자신의 이름을 지닌 기독 종교의 첫 번째 고백자가 아닙니다. 그리스도는 기독교의 최초의 신자도 아니며 가장 저명한 신자도 아니었지만, 기독교에서 전혀 다른 "위치"를 차지했습니다. … 그리스도는 기독교 그 자체입니다.

(기독교에서 그리스도의 위치에서) 그분은 기독교 바깥쪽에 서 계시지 않고 그 중심에 계십니다. 그분의 이름과 인격과 사역이 없다면 기독교는 존재할 수 없습니다. 한마디로, 그리스도께서는 구원에 이르는 길을 가리키지 않으십니다. 그리스도는 구원의 이르는 길 자체이십니다.[91]

---

91 Herman Bavinck, *Magnalia Dei*, 312에서 인용.

제2부

기독교의 본질
("Het Wezen des Christendoms," 1906)

제1장 "기독교의 본질" 해제

제2장 기독교의 본질

하나님의 은혜와 자비, 그리스도의 성육신, 화해, 믿음, 칭의,
그리고 그 밖의 기독교의 모든 교리들은
헤겔과 같이 신인의 연합에 관한 추상적인 원리에 대한 논리적 추론에 의해서,
스홀턴과 같은 하나님의 절대주권에 관한 추상적 원리에 대한
논리적 추론에 의해서,
또는 다른 어떤 것에 대한 논리적 추론에 의해서
이끌어내진 것이 아닙니다.

계시로부터 이러한 가르침을 믿음으로 받아들이지 않는 사람은,
칸트나 헤겔과 같은 지적 능력을 가지고 있다 할지라도
결코 이러한 성경의 진리들을 발견할 수 없습니다.

제1장

"기독교의 본질" 해제

"기독교 본질"은 처음 1906년 『자유대학교 학생회 연감』(Almanak van het studentencorps a/d Vrije Universiteit)에 실렸습니다. 이 작품은 1921년 7월 바빙크의 소천 이후, 그해 8월에 바빙크의 동생 C. B. Bavinck를 통해 출간된 Verzamelde opstellen op het gebied van godsdienst en wetenschap("종교와 학문에서" 에세이 선집)에 실렸습니다.

이 작품 선집은 2008년 존 볼트(John Bolt)에 의해 Essays on religion, Science, and Society(종교, 학문 그리고 사회에 대한 에세이들)라는 이름으로 영어로 번역되어 출간되었고, 국내에서는 2023년 『헤르만 바빙크의 현대 사상 해석』(다함출판사)이라는 제목으로 출간되었습니다.

---

1   2020년 자유대학교 바빙크연구소 방문 연구원으로 있을 때, "기독교 본질"에 대한 네덜란드어 출판물을 신칼빈주의연구소 자료실에서 다운받을 수 있었습니다. 그러나 1906년 『자유대학교 학생회 연감』에 실린 바빙크의 해당 글을 통해 배경적 정보를 혹시 얻을 수 있을 것 같아 자유대학교 역사문헌자료연구소에 신청했습니다. 당시 코로나 팬데믹의 확장 시기여서 직접 열람이 제한되었으나, 역사문헌자료연구소 드미트로 빈차롭스키(Dmytro Bintsarovskyi)가 스캔하여 PDF로 보내주었습니다. 다시 한번 감사드립니다.

제2부 기독교의 본질("Het Wezen des Christendoms," 1906)   155

「1906년 자유대학교 학생회 연감」표지

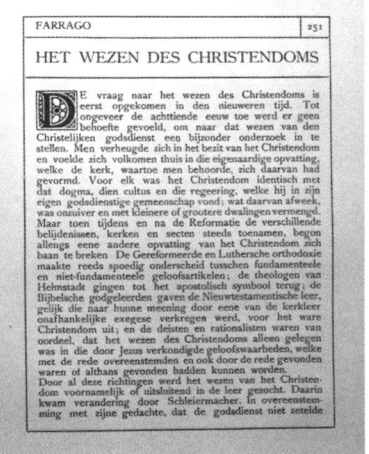
"기독교의 본질" 첫 페이지[1]

바빙크는 1906년 "기독교의 본질"에서 18세기부터 전통적인 기독교에 대한 근본적인 의심 가운데 제기된 다양한 기독교의 본질에 관한 연구에 대한 동향과 함께, 그 절정을 이루었던 1899/1900년 하르낙의 기독교 본질에 관한 강연에 대한 집중적인 분석을 통해 전통적인 교회의 교리를 떠난 기독교의 본질에 관한 연구의 실재가 무엇인지를 밝혔습니다.

1. 교회 교리를 떠난 기독교의 본질에 관한 연구 동향 및 연구 방법론

기독교의 본질에 관한 연구는 슈트라우스 이후 본격화 되었고 하르낙에 의해 절정을 이루었습니다.

기독교의 본질에 관한 연구에는 방법론에서 주류를 이룬 역사적 연구, 헤겔이나 스홀턴과 같은 관념적 연구의 두 가지 방향이 있습니다.

첫째, 관념적 연구 방법입니다. 헤겔(Georg Wilhelm Friedrich Hegel)은 종교들에 대한 비교를 통해, 스홀턴(J. Scholten)은 개혁파 신앙고백들의 비교를 통해 산출한 특정한 중심 개념으로 기독교를 재해석하고 체계화하였습니다.

그러나 헤겔이나 스홀턴은 기독교가 역사적 종교라는 것을 잊었습니다. 기독교는 삼위 하나님의 역사 속에서의 구원 사역이 그리스도의 인격과 사역을 중심으로 우리에게 전해진 종교입니다. 따라서, 역사적 연구 방법론 자체는 기독교와 상충하지 않습니다.

둘째, 역사적 연구 방법입니다. 하르낙은 기독교의 본질 연구에서 역사적 방법을 더 객관적이고 합리적인 연구 방법으로 간주하며 교회의 교리와 같은 모든 전제(presupposition)와 기적을 거부했습니다.

그러나 실상 하르낙은 그의 역사적 방법에서 벗어나 전제에 해당하는 자신의 경험에 속하는 특정 관념을 처음부터 적용했습니다. 또한, 그는 무시할 수 없는 메시아와 하나님의 아들에 관한 예수의 자의식을 결과적으로 인정할 수밖에 없었습니다. 따라서, 교회의 교리를 떠난 기독교의 본질에 관한 연구는 교회 교리를 처음부터 배제하는 전제에 관한 문제가 아닙니다.

전통적 기독교의 본질과 하르낙의 기독교의 본질 사이의 차이는 역사적 방법을 택하느냐 그렇지 않느냐와 같은 연구 방법론에 관한 문제가 아닙니다. 하르낙이 제시한 기독교 본질을 포함하여, 전통적인 기독교의 본질을 거부하고 자신의 관점으로 제시한 기독교의 본질에 관한 모든 주장은 기존 교회의 관점을 대체하지 못하고, 기독교 역사에 있었던 다양한 견해 중 어느 하나를 따르고 있을 뿐입니다.

2. 하르낙의 기독교의 본질과 교회 기독론과의 차이점

하르낙의 기독교의 본질과 교회 기독론은 다음의 차이를 가집니다.

첫째, 실제적인 차이점은 처음부터 예수를 하나님의 아들, 곧 하나님으로 믿느냐 여부에 있습니다.

하르낙의 기독교의 본질은 처음부터 성경에서 계시가 된 그리스도에 대한 증거를 믿음으로 받아들이기를 거부하고, 이를 개인적 견해로 대체한 것에 불과합니다.

초대 교회부터 있었던 예수가 그리스도이며 하나님의 아들이라는 진리는 헤겔이나 칸트와 같이 특별히 뛰어난 재능을 가진 자라도 스스로 연구로 발견할 수 있는 것이 아닙니다. 왜냐하면, 그리스도에 대한 성경에서 나타난 계시는 어린아이와 같은 믿음으로만 받아들일 수 있기 때문입니다.

이와 연관하여 『개혁교의학』에서는 구원 얻는 그리스도에 관한 믿음은 오직 성령의 내적 사역을 통해서만 가질 수 있는 것으로 강조됩니다. 같은 의미로 『하나님의 큰일』(CLC 刊)에서는 한 자연인이 성령으로 아니하고는 예수를 주로, 곧 하나님으로 시인할 수 없다는 것이 강조됩니다 (고전 12:3).

둘째, 교회 교리를 떠난 다양한 방법으로 제시한 기독교에 대한 본질의 실상은 이미 1-2세기 이후부터 기독교 역사에 있었던, 한편으로는 그리스도의 신성을 거부하는 에세네파와 다른 한편으로는 그리스도의 인성을 거부하는 영지주의라는 큰 두 범주의 범위에 속합니다.

새롭게 제시된 기독교의 본질을 연구한 결과는 기존에 있었던 기독교의 본질에 대한 많은 견해 중 어느 하나에 불과합니다. 교회의 기독론은 비록 오류가 있을지라도 교회 역사를 통해 부단히 제기된 다른 관점의 기독교의 본질에 대하여 스스로 역사적으로 더욱 타당함을 증명해 왔습니다.

셋째, 기독교의 본질은 그리스도가 다른 종교의 창시자와 같이 그 종교의 첫 번째 신자 또는 탁월한 신자가 아니라, 기독교와 복음의 주체와 대상, 내용 자체라는 사실에 있습니다.

하르낙은 처음부터 모든 기적을 배제하고 자연법칙에 전적으로 순응하기 위하여, 그가 그리스도를 어떻게 높였든지 간에, 결국 그는 그리스도를 신격화된 한 인간으로 간주하였습니다.

반면, 교회의 기독론에서 그리스도는 주와 하나님입니다. 그러므로 기독교 본질(진리)의 출발점은 먼저 그리스도의 인격에 대한 신앙고백이어야 합니다.

같은 의미에서, 바빙크는 그리스도의 믿음(faith of Christ), 그리스도에 대한 믿음(faith about Christ)과 같은 중간적인 믿음을 거부하고, 오직 그리스도 그 인격 자체를 아는 믿음(faith in Christ, 요 17:3)이 기독교의 본질 측면에서 중요함을 강조합니다.

3. 존 볼트의 "기독교 본질"에 대한 영문 번역본 소개

존 볼트(John Bolt)는 그리스도가 우리 믿음의 주체와 대상이요 복음 메시지 자체의 중심과 핵심임을 알 때만, 우리는 그리스도인이고, 이것이 기독교의 본질에 대한 문제라고 함으로써 이 논문을 적절하게 요약했습니다.[2]

---

2   John Bolt, "Editor's Introduction," in *Essays on Religion, Science, and Society, Herman Bavinck*, ed. *John Bolt*, trans. Harry Boonstra and Gerrit Sheeres(Grand Rapids, MI: Baker Academic, 2008), 9.

바빙크는 이러한 기독교 본질을 본 논문의 마지막 부분에 제시하면서, 이에 비추어 그동안 논의해 온 교회의 교리를 떠난 기독교의 본질에 관한 모든 연구를 '그리스도가 기독교와 복음의 주체 대상, 내용'이 아니라는 측면에서 비평합니다.

예수가 그리스도시며, 이 그리스도가 살아 계신 하나님의 아들이라는 신앙고백의 객관적 내용이 기독교 신학과 기독교 역사의 출발점입니다.

신학의 직무는 다른 모든 것과의 관계에서 그리스도의 위치를 결정하고 유지하는 데 있습니다. 그리고 이러한 직무에서 교회는 수단적이고 주체는 그리스도 자신입니다.

※ 바빙크의 저서에서 비슷한 내용이 반복되어 나타나는 경우가 종종 있습니다. 각 정항에 맞게 반복되는 내용은 그에게 있어 중요한 내용에 해당하기 때문에 이전 작품에서 읽었다고 건너뛰지 말고 반복해서 정독하시기를 권면 드립니다.

제2장

기독교의 본질("Het Wezen des Christendoms")

1. 18세기 이후 근본적 의심 가운데 진행된 기독교의 본질에 관한 연구 경향

기독교의 본질에 대한 문제 제기는 최근에 와서야 제기되기 시작했습니다.

대략 18세기까지, 누구도 기독교의 본질에 관한 특별한 탐구에 착수할 필요성을 느끼지 못했습니다. 사람들은 기독교를 소유한 것을 즐거워했고 그들이 속한 교회가 형성한 기독교에 관한 독특한 이해에서 완전한 편안함을 느꼈습니다. 모든 사람에게 기독교는 자신이 속한 기독교공동체에서 발견된 교리, 예배 의식, (교회) 통치와 동일했으며, 그것에서 벗어나는 것은 무엇이든 불결하고, 작든 크든 오류가 있는 것으로 간주되었습니다.

그러나 종교개혁 시기와 그 이후, 다양한 신앙고백들, 교회들 그리고 분파들이 계속 증가하면서 기독교에 대한 다른 견해가 등장했습니다.

(기독교의 본질을 제시하기 위하여) 개혁파와 루터파 정통주의는 곧바로 신앙의 근본 조항과 비 근본 조항을 구분했습니다. 헬름슈타트(Helmstad)의 신학자들은 사도신경으로 되돌아갔습니다. 성경신학자들은 교회 교리와 독립적인 자신들의 견해를 따라 주해로 얻은 신약의 가르침에서 참된 기

독교가 발견된다고 주장했습니다.

 이신론자들(deists)과 합리주의자들(rationalists)은 예수가 선포한 교리 중에서 이성에 부합하는, 혹은 이성에 의해서 발견되었거나, 적어도 이성에 의해 장차 발견될 수 있는 교리 가운데서만 기독교의 본질이 발견된다고 판단했습니다.

 이 모든 견해에서 기독교의 본질은 특별히 또는 배타적으로 교리에서 추구되었습니다. 이런 추세의 변화는 슐라이어마허(Friedrich Schleiermacher)를 통해 이루어졌습니다. 그는 종교를 지성과 의지가 아니라, 감정과 절대 의존 감정에 자리잡고 있는 것으로 간주하면서, 기독교는 지식이나 행동이 아니며 기독교의 구별되는 표지는 구속주이신 그리스도와의 독특한 관계에서 발견된다고 가르쳤습니다. 그리스도는 우리의 구속주인데, 그가 무엇을 가르쳤고 무엇을 했느냐를 통해서가 아니라, 그의 완전하고 끊임없는 하나님에 대한 의식을 통해서 우리의 구속주가 되셨다는 것입니다.

 그리스도는 하나님에 대한 완전한 의존 감정을 느꼈고, 하나님과 완전한 교제를 끊임없이 지속하였습니다. 따라서, (그리스도 안에서) 종교의 본질이 완전히 성취되었습니다. 그리고 이로부터 그리스도는 우리 안에 의존적 감정, 즉 그러한 종교적 감정을 창조하고 강화할 힘을 얻으셨습니다. 그리스도는 우리를 그와 하나님과의 친교 안으로 끌어들여, 우리를 하나님과의 친교로 이끄셨다는 것입니다.

 슐라이어마허의 기독교의 본질에 대한 구성에서 우리는 적어도 그리스도의 인격이 (기독교 본질에 대한 이슈에서) 다시 전면에 등장하게 되었다는 긍정적인 측면을 발견하게 됩니다.[1]

---

1 바빙크는 슐라이어마허가 끼친 긍정적 영향에 대한 이 짧은 문장을 별도로 문단으로 구분하여 그 의미를 강조하였습니다.

사실 칸트는 이미 그리스도의 인격 안에서 하나님을 기쁘시게 하는 인류의 관념에 관한 모범, 상징, 대표를 포착했습니다. 칸트가 그리스도 안에 있는 인격에 대한 관념이 역사적으로 나타나고 이를 믿는 믿음이 구원과 아무런 의미가 없다는 태도를 보인 것은 사실입니다. 그러나 비록 이 관념과 그리스도의 인격이 단지 역사적 연결일지라도, 그는 둘 사이에 특정한 연결을 제안했고 상정했습니다.

그리스도의 역사적 출현은 셸링(Friedrich Schelling)과 헤겔의 철학에서 더 중요했습니다. 셸링에게 있어서 그리스도는 창조 때 시작된 하나님의 성육신이 최고의 계시와 실현에 도달한 분이었습니다. 그리스도께서 신성과 인성의 연합을 구현하셨기 때문에, 그가 회중의 머리가 되셨을 때 회중의 모든 지체가 동일한 방식으로 신성과 인성의 연합을 구현해야 했습니다.

셸링이 신성과 인성의 연합을 발전의 과정에 통합한 반면, 헤겔은 의식의 영역에서 이를 더욱 완전해지도록 했습니다. 헤겔에 의하면 그리스도는 신-인(God-man)이셨는데, 이는 그가 이 연합을 가장 잘 의식하고 그것을 가장 분명하게 표현하셨기 때문입니다.

2. 기독교의 본질 연구 방향에 큰 영향을 미친 슈트라우스

19세기 전반부에 이들 모두의 영향 아래, 기독교의 본질은 주로 그리스도의 인격 안에서 추구되었습니다. 그리스도는 하나님과 인간의 하나 됨을 소유했습니다. 그는 '이 연합을 첫 번째로 의식하고 선포한 자', 또는 '자신 안에서 그것을 두 번째로 깨달은 자'라는 두 방식 중 한 가지로 하나님과 인간의 연합을 소유했습니다.

이 두 가지 접근 방식의 차이점은 특히 1835년 슈트라우스(David Strauß)가 헤겔 철학의 결론을 끌어내, 그 개념이 한 개인에게 완전한 충만을 쏟

아붓는 것을 "좋아하지 않습니다"고 선언했을 때 분명해졌습니다.

슈트라우스는 고의적으로 하나님과 인간의 연합에 대한 관념과 역사적 인물인 그리스도 사이의 관계 문제를 제기했습니다. 그러나 슈트라우스의 중요성은 다른 분야에서 훨씬 더 컸습니다. 이전까지 철학만이 기독교 본질에 대한 문제를 다루었지만, 슈트라우스 이후 역사비평이 이러한 논의에 가담했습니다.[2]

'예수가 누구였는가'는 순전히 역사적 질문이 되었으며, 특히 복음서와 같은 문헌들에 관한 연구를 통해 답을 얻어야만 합니다. 슈트라우스는 역사적 인물인 예수와 회중의 그리스도 사이에 예리한 구별이 반드시 있어야 한다고 주장했습니다. 그의 주장은 다음과 같습니다. 오직 예수만이, 즉 그를 통해서만 신-인간의 연합이라는 개념이 회중의 의식 속으로 들어온 계기가 됩니다. 이러한 연합 개념에 영감을 받은 예수에 대한 회중의 종교적 환상은 잠재의식과 상징적 고안물과 메시아적 예언의 도움을 받아, **역사적 인물인 예수를 신앙의 그리스도로 옷 입혔습니다.** (따라서) 이 그리스도의 형상(figure)은 회중의 창조물입니다.[3]

슈트라우스가 옹호한 원래의 그리스도에 관한 해석은 곧 지지할 수 없는 것으로 판명되었지만, 그리스도의 형상이 회중이 만든 산물이라는 생각은 오늘날까지 신학계에서 계속 지배적으로 유지되고 있습니다.[4]

예수가 개인적으로 그리고 진실로 그리스도가 아니라면, 회중이 처음부터 보았던 그리스도의 형상은 물론 다른 방식과 다른 영향으로 설명되어야 했습니다.

---

2   강조는 번역자에 의한 것입니다.
3   강조는 번역자에 의한 것입니다.
4   바빙크의 시대뿐만 아니라 객관적 진리와 교리가 무시되는 오늘의 시대적 상황에서, 다양한 측면으로 역사적 예수와 신앙의 그리스도와의 관계에 대한 논쟁은 계속되고 있습니다.

학자들은 복음서 간의 기원과 구성, 유사성과 차이점을 찾는 데 각별한 노력을 기울였습니다. 회중 안에 실제 있었던 그리스도의 형상의 기원을 나름대로 이해하기 위하여 온갖 요인이 동원되었습니다.

학자들은 구약, 유대교, 에세네파, 탈무드, 헬레니즘, 페르시아, 인도의 영향을 차례로 제안했습니다. 최근에는 기독교에 대한 바빌론-앗시리아 해석이 유행하고 있습니다. 요한계시록의 장면들과 바울과 요한의 신학의 요소들뿐만 아니라, 예수의 선재, 탄생, 세례, 시험, 승귀, 기적, 부활, 승천 등의 예수 생애의 모든 사건은 신화적 관점으로부터 도출되었습니다.

상응하는 하나의 특징, 간략한 표현, 순진한 말. 이 세 가지는 종교의 역사(religions-geschichtliche)의 방법 지지자들이 기독교 본질에 관한 주장을 뒷받침할 역사적 기반을 상상하는 데 종종 충분했습니다. 어떤 이는 예수의 존재 자체를 부정하거나, 심지어 예수의 존재 자체를 의심하기도 합니다. 그렇게까지 가지 않는 사람들조차도 예수를 어떻게 묘사하는지에 대해서는 여전히 큰 차이가 있습니다.

첫째, 어떤 사람은 예수를 종교의 모든 외부적인 것에 저항하고 순전히 내적이고 영적인 종교를 설립한 도덕적 개혁가, 휴머니즘의 설교자로 간주하였습니다.

둘째, 다른 사람들은 예수를 부자와 권력자의 폭력으로부터 가난한 사람들을 보호한 사회주의의 선구자로 보았습니다.

셋째, 예수는 모든 문화를 악으로 여기고 사람들을 자연의 진리와 단순함으로 되돌아가도록 인도한, 불교적인 수양 같은 개별적 구속을 전파한 설교자로 보는 사람도 있었습니다.

각 사람은 예수의 인격에 관한 각자의 견해를 가지고 있습니다. 그리스도에 대한 관점은 한 대학에서도 매우 다르게 나타나서, 이를 "교수-그리스도"(den Professoren-christus)라 표현한 칼토프(Kalthoff)의 조롱에는 많은 진실이 있습니다.

그러나 보통 사람들에게 그리스도의 이미지는 이상적인 모범으로, 길과 진리와 생명으로 제시됩니다.

3. 하르낙의 기독교 본질에 대한 강연과 개념

최근 기독교의 본질에 관해 언급한 사람 중에 베를린 출신의 저명한 교수인 아돌프 하르낙(Adolf Harnack)보다 더 특출한 사람은 없습니다. 1899/1900년 겨울, 모든 학문 분야의 많은 학생이 이 주제에 관한 그의 강의를 수강했습니다. 이 강의는 많은 분야에서 큰 관심을 불러왔고, 강의 내용이 출간되었을 때 엄청난 반응을 일으켰습니다.

한편으로, 하르낙의 동조자들과 많은 유대인 학자, 로이지(A. Loisy)와 같은 일부 로마가톨릭 신자 사이에 큰 동의가 있었습니다. 이 그룹은 기독교의 본질에 관한 그의 책을 위대한 용기의 행위로, 개인적인 고백으로, 신학 학문의 무르익은 열매로, 현대의 필요를 위한 양식으로, 현대 학문과 기독교 신앙의 가장 운 좋은 화해로 칭송했습니다. 그러나 온건한 정통파와 강경한 정통파는 이 작품에서 하르낙이 단순히 자신을 자유주의신학의 지지자로, 교회론적 기독론의 반대자임을 드러냈을 뿐이라고 주장했습니다.

하르낙이 옹호한 기독교는 기독교의 핵심을 강탈했습니다. 그것은 삼위일체 없는, 그리스도 없는, 화해 없는, 교회와 성례전 없는 기독교였습니다. 그의 견해 속에서, 시대의 영과 사적인 일로서의 종교 그리고 18세기

의 자연 종교, 이들 셋 모두는 그들의 승리를 축하했습니다.[5]

하르낙의 강의를 아는 사람은 누구나 이 같은 상반된 평가들에 놀라지 않았습니다. 왜냐하면, 하르낙에 따르면 기독교의 본질은 하나님이 그들의 아버지이고 그들이 그분의 자녀라는 경험(Erlebnis)을 그리스도의 모습, 가르침, 삶으로부터 끌어내는 데 있기 때문입니다.

도덕적인 사람에게는 보이는 것과 보이지 않는 것, 외적인 것과 내적인 것, 육신과 영, 이 세상과 내세 사이에 그리고 하나님과 세상 사이에 깊은 갈등이 있습니다. 기독교는 사람을 이러한 고통스러운 대립 위로 들어올립니다. 그를 하나님 편에 앉히고, 이생에서 그에게 영생을 제공하며, 하나님과 영혼 사이의 관계와 친교를 갖게 합니다.

기독교는 항상 하나님의 아버지 되심과 인간 영혼의 고귀함을 선포함으로써, 이와 같은 사역을 합니다. 하나님 아버지 되심과 인간 영혼의 고귀함, 이 두 가지 진리 안에서 기독교는 자신을 완전하다고 선언합니다.

그러므로 아들이 아니라 아버지가, 예수가 선포하신 원 복음에 속합니다. 예수는 자신을 선포하지 않았고, 자신의 인격에 대한 믿음을 요구하지도 않았고, 기독론도 가지지 않았습니다. 가난한 세리, 헌금함에 므나를 넣는 여인, 탕자 모두는 이것을 충분히 보여줍니다.

그러나 하르낙이 주장하는 기독교의 본질은 다른 사람들에게서, 예수가 하나님에 대한 그의 완전하게 독특한 지식을 통해, 그리고 그의 인격과 말과 행동을 통해 진정으로 하나님께로 가는 인도자요, 아버지께로 가는 길이라는 사실을 제거하지는 못합니다.[6]

---

5   아무리 그럴듯하고 좋은 조화를 이룬 기독교의 본질에 대한 개념이라도 특별계시, 곧 그리스도를 중점적으로 한 하나님의 구원 사역이 빠진다면 바빙크의 평가와 같이 기독교의 핵심이 강탈 당한 셈이 됩니다.
6   참조. 예수께서 이르시되 내가 곧 길이요 진리요 생명이니 나로 말미암지 않고는 아버지께로 올 자가 없느니라(요 14:6, 개정).

지금까지 수많은 사람이 예수를 통해 하나님께 나아왔습니다. 예수는 복음의 인격적 실현이며, 복음의 능력이며, 그는 오늘날까지 그러합니다. 우리 안에 있는 인격적인 삶은 오직 그의 인격적인 능력에 의해서만 변화되고 형성됩니다.

하르낙은 예수가 기독교에서 그처럼 탁월한 위치를 차지하게 되는, 하나님에 관한 완전히 독특한 이 지식을 어떻게 받았는지에 대해 설명하지 않습니다. 그는 그리스도의 '인격의 신비'에 호소할 따름입니다.

그러나 우리는 오직 예수의 복음에 대한 믿음 안에서 세상을 정복하는 데 이르고, 영혼의 평화에 이르고, 하나님과의 교통에 이를 수 있습니다.

이 믿음은 교리를 받아들이는 데 있지 않습니다. 왜냐하면, 복음은 교리가 아니라 기쁜 소식이기 때문입니다. 그것은 도덕적 경험, 아버지의 뜻을 행하는 것, 예수의 복음에 일치하는 삶, 그리스도의 임재와 그의 말씀과 그의 삶을 통해 우리 안에 창조되는 영혼의 인격적인 경험으로 구성됩니다.

4. 교회 교리를 떠난 기독교의 본질에 관한 연구의 실재[7]

기독교의 본질에 관한 연구를 시작하는 사람은 먼저 자신이 수행하는 작업의 실체가 무엇인지 이해해야 합니다.

앞서 언급한 바와 같이, 기독교의 본질에 관한 질문이 근대에 처음 제기되었습니다. 이 문제는 교회 교리와 개인적 신앙 사이에 균열이 생겼을 때, 그리고 각 개인이 교회의 신앙고백과 예배에서 존중되는 기독교의 관

---

[7] 바빙크는 지금까지 기독교의 본질에 관한 연구의 역사적 경향을 언급한 이후, 이에 관한 분석을 시작하면서 별도로 문단을 두 배로 떼어 앞뒤 내용을 구분하였습니다.

점에 더 동의할 수 없을 때 처음 제기되었습니다.[8]

이 사실은 기독교의 본질에 관한 탐구가 처음에 어떤 의도로 시작되었는지를 분명하게 드러내 줍니다.

곧, 기독교의 본질에 관한 탐구를 주장하는 사람들은 기독교에 관한 교회의 견해에 동의할 수 없는 사람들이었습니다.[9] 그들은 교회가 기독교의 본질에 속하지 않는 신앙고백과 예배에서 기독교의 본질의 특성을 취했다고 생각했습니다. 그리스 철학, 이교도의 미신, 권력에 대한 정치적 갈망, 기타 모든 종류의 요인의 영향 아래, 교회는 참된 기독교와 전혀 무관한 많은 교리와 의식을 도입했다는 것입니다. 따라서, 그들은 이러한 모든 이상한 추가로부터 기독교를 자유롭게 하고, 원래의 순수성 속에서 기독교를 인식하기 위하여 기독교의 본질에 관한 연구가 필요하다고 주장합니다.

이렇듯 기독교의 본질에 관한 탐구는 공적인 교회가 그들의 고백서에서 산출한 기독교 본질에 관한 다양한, 그리고 아마도 오류가 있는 해석에 항의하는 데서 촉발되었습니다. 탐구자들은 교회에 있는 기독교에 대한 잘못된 견해에 반대하여 기독교를 더욱더 정당하게 하는, 또 다른 더 순수한 견해를 교회의 교리와 나란히 두는 것 외에 다른 목적이 없었습니다.

결국, 기독교의 본질에 관한 탐구는 다음과 같은 질문으로 귀결되기 때문에 그 성격이 단순화되고 명확해집니다.

참되고, 진실하고, 무오한, 즉 원래의 기독교란 무엇인가?

이처럼 기독교의 본질에 관한 탐구의 의도가 정확하게 해석된다면 처음부터 그 탐구의 결과에 특별한 빛이 비칩니다.

---

8 바빙크의 『개혁교의학』과 여러 저서에서 종교개혁 때 신앙과 지식, 믿음과 행함, 지성과 감정 모두가 활력 있는 믿음 가운데 조화를 이루었습니다. 그 이후로 이러한 믿음의 활력이 상실되었을 때, 신자들은 그들의 구원의 확신을 경건주의처럼 자신의 종교적 경험에서 찾거나, 정통주의처럼 학문적 체계에서 찾기 시작했다는 표현이 종종 등장합니다.

9 번역자에 의해 강조된 것입니다.

모든 교회와 모든 신앙고백은 기독교에 대한 특정한 견해를 나타냅니다. 이에 관해 노스겐(Nosgen)은 "신앙고백을 특징짓는 것은 그들 각각의 기독교에 관한 독특한 이해"라고 올바르게 말했습니다.

기독교에 관한 교회의 관점에 동의할 수 없고, 그들 자신의 새로운 해석을 제공하려는 사람들이 있는 경우에, 그들은 그렇게 할 자격이 충분하고, 그들이 옳고, 모든 시대에 걸쳐 모든 교회가 잘못되었다고 추론할 수 있습니다. 그러나 기독교에 대한 개인적인 견해를 제시하고 이를 교회보다 높은 위치에 두면서, 자신의 견해가 신앙고백의 오류에 맞서 유일하게 참된 관점이라고 주장하는 그러한 탐구자들을 받아들일 수는 없습니다.

그럼에도 불구하고 이와 같은 교만한 주장, 예를 들어 브뤼흐(Bruch)의 작은 책에 대한 반응과 같이 대략 기독교의 본질로 종종 인정을 받습니다.

학문과 자신을 동일시하는 불신앙이 비난 받아 마땅한 것처럼, 교회와 다르게 복음을 해석하는 사람들이 공식 신앙고백서의 독단적이고 일방적이며 잘못된 견해에 대항하면서, 자신의 견해를 참된 복음으로 즉시 확립하는 것 역시 주제 넘은 일입니다.

더 명확히 말하면, 신앙고백에 나타난 복음에 대한 교리적 해석과 하르낙이 제시하는 비평적–역사적 해석은 서로 대립하지 않습니다. 비평적–역사적 해석이 교리적 해석을 능가하는 경우는 훨씬 적습니다. 그들은 단순히 복음에 대한 서로 다른 견해를 갖고 있을 뿐입니다.

교회들 또한 신앙고백과 예배 의식, 예배와 교회 통치에서 복음에 대한 가장 순수한 견해를 제시하기를 원했습니다. 교회 교리들에 대한 견해를 거부하고 자신의 해석을 제시하는 하르낙과 같은 사람들은 자신들의 관점이 그들 자신의 판단에서, 다른 모든 관점보다 우선시될 만한 가치가 있다고 여겼지만, 실상 그것은 원래의 복음에 관한 개인적인 견해 하나를 제시하는 데 지나지 않습니다.

그러므로 그 견해들은 교회의 교리를 대신하는 복음의 위치를 차지할 수 없고, 교회들이 존중하는 복음에 대한 관점 옆에 다른 한 관점을 놓은 것과 같습니다. 새로 제시된 관점들은 기껏해야 많은 시대를 통해 원래 복음에 관한 해석의 수를 증가시킬 뿐입니다. 내가 '기껏해야'라고 말하는 것은 인간의 정신이 과거의 속박에서 완전히 벗어나 다른 사람이 밟지 않은 새로운 방향으로 나아갈 수 있을 만큼 독창적이고 영민하지 않기 때문입니다.

심지어 가장 독립적인 사상가에게도 자신의 선구자와 개척자가 있기 마련입니다. 재세례파와 소시니안주의, 합리주의와 경건주의, 칸트와 슐라이어마허, 헤겔과 셸링, 슈트라우스와 포이어바흐, 울만과 브루흐 그리고 하르낙 같은 인물들이 제안한 기독교의 본질에 관한 개별적인 견해를 평가할 때 다음과 같은 결론에 이르게 됩니다.

이러한 모든 견해는 전적으로 새로운 것이 아니라, 1세기부터 등장했던 그리스도의 신성을 부인하는 에세네파와 그리스도의 인성을 부인하는 영지주의 범주에서 제안된 개념으로 당시 교회가 신중한 검토 후에 정당한 이유로 의도적으로 거부하고 반대했던 견해입니다.

교회가 기독교의 본질에 관한 질문에 결코 관심을 두지 않고, 실제로 기독교와 관련이 없는 문제에만 또는 그러한 문제에 주로 관심을 기울여왔다는 것은 사실이 아닙니다. 후에 종종 주장되는 바와 같이, 교회들이 기독교의 본질과 부수적인 것 사이의 대립에 대해 항상 경계해 온 것은 사실이지만, 교회들은 자신의 신앙고백과 예배에서 항상 참되고, 근본적으로 동시에 완전하고 완벽한 기독교를 정당하고 정확하게 대변하려고 끊임없이 노력해 왔습니다.

그들이 성공했는지는 또 다른 문제입니다. 종교개혁은 로마가톨릭교회가 많은 경우에서 원래의 기독교에 이상한 많은 요소를 혼합하여 기독교 본질을 왜곡했다고 주장하였습니다. 그러나 종교개혁 스스로 어떤 기독교의 추상적인 "본질"을 공언하지 않았고, 마땅히 존중해야 할 완벽하고 완전한 기독교를 회복하려고 시도했습니다.

만일, 누군가 적절하게 복음 자체와 우리의 복음에 대한 해석으로서의 교리를 구별한다면, 지금 논의하는 상황은 다음과 같이 단순하게 정리될 수 있습니다. 곧, 하르낙과 그의 추종자들은 교회 교리와 대조되는 자신들의 복음을 설정한 것이 아니라, 그들 자신의 복음에 대한 교리를 교회의 교리 옆에 나란히 놓은 것에 해당합니다.

그러므로 우리는 다음의 질문을 제기할 수 있습니다.

누가 옳은가?
이 질문으로 모든 문제가 해결되는가?
누가 참되고 완전한 복음에 가장 정당한가?
슐라이어마허나 칸트, 리츨이나 하르낙과 같은 인물들의 개인적인 견해가 가장 정당한가, 아니면 교회의 교리가 가장 정당한가?

5. 기독교의 본질에 관한 연구에서 경험론적·관념론적 귀납적 방법의 한계

기독교의 본질에 관한 탐구는 무엇이 참되고 본래의 기독교를 구성하는가에 대한 질문으로 귀착됩니다. 이는 이 연구들에 뒤따르는 방법론에 의해 확인됩니다.

기독교의 본질에 대해 언급할 때, 기독교는 가장 넓은 의미에서 기독교인들이 신앙과 윤리에서, 예배와 교회 통치에서 고백하는 특별한 종교로 이해된다고 생각할 수 있습니다.

이런 경우 기독교 본질에 관한 연구는 반드시 모든 기독교의 교회들, 고백서들, 예식들 등에 관한 세밀한 연구로 구성되어야 합니다. 이러한 귀납적 방법을 통해서만 모든 사람에게 공통적이고, 모든 사람에게 기반이 되는 기독교의 본래 본질을 꿰뚫을 수 있기 때문입니다.

이와 관련하여, 하르낙이 로마가톨릭과 개신교를 논한 것은 사실이나, 그는 오래전에 다른 방식으로 기독교의 본질을 발견하고 나서 비로소 이 논의에 이르게 된 것입니다.

실제로 위에서 제안한 귀납적 방법은 좋지 않은 결과를 초래할 수 있습니다. 비교종교사에서 종교의 본질을 찾는 것은 모호한 일반성을 제공하며, 이런 모호한 일반성에 기반하는 것으로는 거의 아무것도 할 수 없습니다. 마찬가지로 다양한 기독교회들과 신앙고백들에 관한 비교 연구를 통해 기독교의 본질을 포착하려는 시도는 단지 추상적인 어떤 공식화로 이어지는데, 이런 추상적 공식화에는 삶의 충만함과 풍요로움에 관한 이해가 완전히 빠져 있습니다.

그리고 나중에 반드시 해야 할 일이 있습니다. 이런 추상적인 공식화에 반대하여 교회의 구체적인 신앙고백을 다시 검토해야 합니다. 그때 이 추상적인 공식화에는 의미 있는 내용이 거의 아무것도 남아 있지 않다는 것을 발견하게 됩니다. 결국, 모든 관련 연구는 단지 역사적 기독교를 소멸로 이끌 뿐입니다.

이와 같은 위험은 상상이 아닙니다. 헤겔의 체계는 이 바위에서 좌초되었습니다. 헤겔은 역사적 기독교를 떠나 신과 인간의 하나 됨의 관념을 높이 들어올려, 이 관념으로 기독교의 모든 것을 상징적인 이미지로 흡수시켰습니다. 라이덴의 스홀턴은 개혁교회의 신앙고백들에 동일한 방법을 적용하여, 하나님의 절대주권이 신앙고백들의 최고의 원리임을 발견했습니다. 이 원리를 사용하여 그는 모든 주제를 하나님의 절대 주권에 환원시켜, 개혁주의 신앙고백을 아무것도 아닌 것으로 만들었습니다.

헤겔과 스홀턴, 두 사람 모두 기독교가 철학이 아니라 종교라는 사실을 잊고 있었습니다. 기독교는 논리적 추론으로부터 파생되거나 구성될 수 있는 어떤 추상적이고 공식화된 원리가 아닙니다.

기독교는 역사적으로 주어진 적극적인 종교입니다. 하나님의 은혜와 자비, 그리스도의 성육신, 화해, 믿음, 칭의 그리고 그 밖의 기독교의 모든 교리는 헤겔과 같이 신인의 연합에 관한 추상적인 원리에 대한 논리적 추론 때문에, 스홀턴과 같은 하나님의 절대주권에 관한 추상적 원리에 대한 논리적 추론 때문에, 또는 다른 어떤 것에 대한 논리적 추론 때문에 도출된 것이 아닙니다.

오히려, 기독교 교리들은 하나님의 계시로부터 역사 안에서 또는 우리의 고백에 따라 우리에게 주어졌습니다. 철학적 원리는 종교와 신학의 인식의 원리(principium cognoscendi van religie en theologie)가 될 수 없습니다.

계시로부터 주어진 이러한 가르침을 믿음으로 받아들이지 않는 사람은 칸트나 헤겔과 같은 지적 능력을 갖추고 있다 할지라도, 결코 이러한 성경의 진리들을 발견할 수 없습니다. 사실, 슈트라우스 이후 거의 모든 사람이 기독교의 본질에 대한 지식에 도달하기 위해 역사비평의 길을 택했습니다. 그리하여 모든 사람은 기독교의 본질에 관한 질문이 다음과 같은 질문으로 귀결된다는 점을 인정했습니다.

예수와 사도들이 신약에서 선포한 본래의 참된 기독교는 무엇인가?

의심할 여지없이, 역사적 방법은 이 탐색의 방법론에서 합당한 자리를 차지합니다. 결국, 기독교는 역사적 종교이기 때문입니다. 기독교는 역사 속에서 준비되었고, 기원했고, 발전되었으며 역사적 연구의 주제를 구성합니다.

따라서, 기독교의 본질에 관한 연구에서 역사적 방법론의 정당성에 대해서는 그 자체로 이견이 없습니다. 더욱이 교회의 교의는 독창적으로 고안된 철학적인 구성물이 아니라, 역사 속에서 발생한 본래의 기독교에 대한 해석이며, 복음에 대한 역사적 지식에 그 기반을 두고 있습니다.

기독교 초기의 교회들은 본래 기독교에 대한 매우 불완전한 지식을 가지고 있었고, 그들의 견해는 종종 잘못되고 부정확했다고 주장할 수 있습니다. 그러나 교회들은 자신들이 믿는 바 신앙의 확신에 따라, 본래 기독교에 관한 오직 사실인 것만을 그들의 교리에 포함하기를 원했습니다. 그들이 그리스도를 신인(神人)이라고 고백했을 때, 그들이 사도들과 함께 그리스도 안에서 말씀이 육신이 되셨음을 진심으로 믿었기 때문에, 그리스도에 대한 교의를 발전시켜 나간 것입니다.

그러므로 여기서도 하르낙과 함께 기독교에 대한 역사-비판적 해석을 교리적 해석과 대립하는 것으로 상정할 근거는 없습니다. 두 해석 모두 "복음에 대한 역사적인, 진정한, 본래적인 이해"를 제공하기를 원합니다.

그러나 차이점은 다음과 같습니다.

하르낙에게 있어, 예수는 비록 매우 고귀한 인간이기는 했지만 평범한 사람이었습니다. 반면, 기독교회들에게 예수는 육신으로 계시된 하나님입니다. 그리고 여러 시대에 걸쳐 교회는 그리스도에 대한 교회의 고백이 하르낙의 소위 역사적 견해보다 훨씬 더 관련된 사실들과 일치함을 증거해 왔습니다.[10]

본디 기독교에 대한 너무나 많은 다른 관점이 있다는 것이 참으로 슬픈 현상이 되는 이유는 무엇일까요?

역사적 방법 자체의 본질과 중요성에 관하여 심각할 정도로 다양한 이해가 있다는 데서 그 해답을 찾을 수 있습니다. 여기서 추가적인 이유에

---

10 번역자에 의해 강조된 것입니다. D. A. 카슨에 따르면 20세기 초 그리고 중반에 번창했던 자유주의신학과 교회는 20세기가 지나감에 따라 대부분 소멸했지만, 보수적인 복음주의 신학과 교회들은 본질을 유지하면서 번성하였습니다. 하르낙, 리츨과 같은 자유주의신학에 기반을 둔 교회는 칸트의 윤리 종교와 함께 기독교 역사에 존재해 본 적이 없었다는 바빙크의 말이 가끔 그의 저서에서 발견됩니다.

대해 언급하는 것은 본서의 목적과 범위를 벗어납니다.

근대적 세계관의 영향으로, 많은 사람은 역사적 방법은 주관적으로 모든 전제(*Voraussetzunglosigkeit*)를 완전히 배제하고 객관적으로 자연법에 대한 완전한 복종을 요구하는 것으로 이해하고 있습니다.[11]

역사적 방법에 관한 이러한 견해가 옳다면, 기독교는 먼저 먼저 심판을 받습니다. 왜냐하면, 기독교는 하나님의 은혜와 자비에 관한 하나의 위대한 기적으로 역사 속에서 나타나지 않기 때문입니다.

따라서, 모든 전제를 배제하고 역사적 연구를 통해 기독교 진리를 찾을 수 없습니다. 하나님이 역사 속에서 행하시는 은혜와 자비와 같은 기적을 알고 받아들이기 원하는 사람에게는 어린아이 같은 영과 이를 수용하고자 하는 마음이 필요합니다.

> 너희가 어린아이들과 같이 되지 아니하면 결단코 천국에 들어가지 못하리라 (마 18:3).[12]

그러나 역사적 연구의 전체 영역에서 역사적 방법(위에서 설명한 실증주의적 의미로 이해되고 적용됨)은 나타나는 현상을 오히려 위반하며, 어디에도 일관된 적용을 할 수 없다는 것을 증명할 수 있습니다. 역사에는 자연과 전혀 다른 요소가 작용합니다. 역사에서 우리는 물리적 힘과 화학적 힘과 접촉하는 것이 아니라, 인격의 영적 에너지와 접촉하게 됩니다.

따라서, 우리는 이러한 영적, 인격적 에너지를 맹목적으로 작동하는 자연의 힘으로 환원할 것인지, 아니면 그것을 받아들이고 그 놀라운 성격을 존중할 것인지 선택해야 합니다. 더욱이 역사 속에서 영적인 관계 없이는

---

11 강조는 번역자에 의한 것입니다. 바빙크의 많은 작품에 나타나는 시대의 영의 대표적 영향은 기적과 초자연적 실재를 부인하고 모든 것을 자연 과학, 자연법칙에 종속시키는 것입니다. 이것은 모든 가치를 지상에 두는 세속주의를 의미합니다.

12 번역자에 의해 강조된 것입니다.

인지할 수 없고, 관찰할 수 없는 온갖 종류의 종교적, 윤리적, 미학적 현상을 만나게 됩니다.

실제로 이러한 현상은 관찰만으로는 끝나지 않습니다. 눈에 보이지 않는 현상들은 마땅히 받아들여져야 한다고 스스로 주장하며, 이를 받아들일 수 있는 어떤 특정한 표준이 우리 영혼에 있다는 것을 가정합니다.

기독교의 경우, 기독교는 인간을 죄와 오류와 거짓에서 해방하려는 구원의 종교이기 때문에, 죄 된 생각과 욕망을 가진 인간과 대적해야만 한다는 사실을 덧붙여야 합니다. 만일, 복음이 참으로 인간을 **위한다면**, 즉 인간의 모든 필요와 전인을 위한다면 기독교는 인간을 **따라** 설립될 수 없고, 인간의 부패한 마음과 일치될 수도 없습니다.[13]

이에 대한 증거는 하르낙 자신에 의해 제공됩니다. 하르낙은 기독교를 구성하는 것이 무엇인가에 대한 질문은 역사적 질문이며, 자신은 역사적 연구 때문에 답을 얻을 것이라고 말하면서 강연을 시작합니다.

그러나 그가 적용하고자 하는 역사적 방법과 함께 불가피하게 특정한 견해를 동반합니다. 한편으로 하르낙은 기적이 자연법칙을 위반하는 것이기 때문에 모든 기적을 배제한다는 의미에서 역사적 방법을 이해하면서도, 다른 한편으로 역사 자체가 절대적인 판단을 제공해 줄 수는 없지만, 기독교의 본질에 대한 질문은 "경험적 역사에서 파생된 삶의 경험"으로부터 답해져야만 한다는 점을 인정합니다.

하르낙이 기독교를 절대 종교로 인정하고 옹호할 때, 그는 실증주의적 역사 연구가 아니라 그의 역사적 연구와 동반하는 자신의 도덕적 경험에 판단을 빚지고 있습니다. 그의 역사적 방법은 또한 자신의 방식으로 적용됩니다. 곧, 하르낙의 역사적 방법은 그의 인격에 종속되어 있음을 보여줍니다.

---

13 강조는 바빙크에 의한 것입니다.

이것은 피할 수 없이, 항상 모든 사람에게 발생합니다. 기독교에 관한 교회적·교리적 관점 그리고 역사적·학문적 관점이 서로 대립한다는 근거는 없습니다. 둘 다 복음에 대한 "역사적이고 진정한 이해"라고 주장합니다.

원칙적으로 누구든지 예수를 하나님으로 인정하기를 원하는 사람은 아버지의 뜻을 행하려는 마음을 가져야 한다는 복음의 요구에 반대하지 않습니다.

"마음이 청결한 자는 하나님을 보리라." 이것은 영광스럽고 종교적인 진술일 뿐만 아니라 엄밀한 학문적인 진술이기도 합니다.

6. 기독교의 본질에 대하여 다른 관점을 가진 신학과의 관계

기독교에 관한 견해의 다양성은 대단히 크지만, 이에 대한 논의를 중단시키거나 논의를 무의미하게 만들 정도로 크지는 않습니다.

기독교 본질에 대하여 실제로, 동방정교회, 로마가톨릭, 루터교, 개혁파, 재세례파, 시칠리아파, 합리주의자, 경건주의자 등과 같은 수많은 교파의 견해가 있습니다. 여기에 칸트, 슐라이어마허, 헤겔, 셸링, 하르낙 그리고 많은 다른 사람이 제안한 견해들을 추가할 수 있습니다.

이 견해들을 앞서 언급한 교파의 견해 중 하나의 견해로 축소할 수도 있습니다. 새것처럼 보이는 것은 종종 매우 오래된 것이기도 합니다. 그러나 각 견해의 독창성과 독립성을 인정할 수 있습니다.

어느 한 견해가 나은지 덜한지는 중요하지 않습니다. 여전히, 이 모든 다양성 속에서 몇 가지 점에서 중요한 일치를 발견할 수 있습니다. 이는 기독교의 본질에 관한 더 많은 논의를 가능하게 해 줍니다.

첫째, 기독교에 대한 자신의 견해를 원래 기독교와 완전히 동일시하는 교회나 공동체나, 분파나 의견은 없습니다.

각자 자신의 견해를 참된 것으로 여기고 자신의 견해와 다른 사람에 대항하여 자신의 견해를 옹호하는 것은 사실입니다. 그렇지만 각 사람과 모든 교회는 그리스도 안에 계시된 진리와 이 진리로부터 받아들인 이 진리에 대한 이해를 구별합니다.

로마교회는 하나의 예외에 해당하는데, 왜냐하면, 로마교회는 교회에 무오성을 부여하고, 그 가르침을 복음에 관한 유일하고 참되고 절대적으로 올바른 해석으로 제시하기 때문입니다. 그러나 로마교회도 그리스도와 그의 대리자로서의 교황을 구별하고, 사도와 선지자의 영감과 교회의 최고의 머리, 그리스도가 보내어 누리게 되는 성령의 도우심을 구별합니다.

로마교회가 이 구분을 얼마나 오래 주장할지는 아무도 예측할 수 없습니다. 로마가톨릭의 보편주의 안에서 개혁 운동의 중요성과 영향력을 과대평가하지 않는 사람이라도, 동시대에 여러 도전으로 인해 갖게 되는 어떤 두려움은 억누를 수 없습니다.

이 두려움은 다음과 같은 분야에서 근대 학문으로의 이동에 대한 인정에 관한 것입니다. 곧, 역사비평, 진화론에 대한 가르침(심지어 로이시[Loisy] 같은 사람에 의한), 역사적 예수의 제시 분야에서 근대 학문, 즉 근대의 세계관이 주류를 이루는 데 대한 두려움입니다. 성경에 있는 하나님의 말씀은 점점 더 교회의 말에 복종하고 희생되고 있습니다. 그러나 그 외의 영역에서, 누구도 원칙적으로 성경의 진리와 교회의 교리가 구별된다는 것에 반대하지 않습니다.

둘째, 기독교의 본질에 대한 질문이 본래의, 진정한, 참된 기독교에 대한 질문과 일치한다는 점에 대한 동의가 있습니다. 또한, 이를 분별하기 위해 성경, 특히 신약성경으로 돌아가야 한다는 동의도 있습니다.

여기에도 많은 의견 차이가 있습니다. 어떤 사람은 기독교의 본질 연구를 위해 신약만을 고려하고, 다른 사람들은 구약도 고려합니다. 일부는 공관복음서만 본래의 기독교에 관한 지식의 출처로 인정하고, 다른 사람들은 신약의 모든 책을 인정합니다. 일부는 이러한 출처에 역사적 권위만 부여하고, 다른 사람들은 도덕적 권위도 부여합니다.

그런데도 이 모든 것이 원래 기독교를 아는 데는 출처와 표준이 있다는 관점에 관한 동의를 없애지 못합니다. 그러므로 아무도 원래 기독교가 무엇으로 구성되는지를 자신의 견해로 결정할 수 없습니다. 원래 기독교의 역사에 따라서 모두를 위해 결정됩니다.

기독교가 무엇인지는 기독교인에 의해 결정되는 것이 아니라, 그리스도에 의해 결정됩니다.

셋째, 역사적 권위뿐만 아니라 어떤 교리적 권위도 그리스도께 귀속된다는 것에 관한 동의도 있습니다.

기독교와 완전히 단절하고, 그리스도의 이름을 전혀 귀히 여기지 않고, 그리스도의 말씀을 개의치 않는 사람들이 있습니다. 그러나 이러한 급진주의를 제외하고는, 다양한 신학적 방향과 분파는 일반적으로 그리스도의 이름을 가치 있게 여기며, 그리스도의 권위도 여전히 중요시합니다.

역사적 예수를 최대한 자신의 상상대로 꾸며내려는 시도는 기독교의 본질을 찾는 과정에 그들이 개인적으로 관여하고 있음을 증명합니다. 모든 사람은 자신이 본디 기독교를 포착했으며 누구보다 이를 잘 이해하고 있다고 믿고 있습니다.

기독교 본질에 대하여 우리와 다른 견해를 가진 사람들이 그리스도의 이름에 가치를 부여하는 한, 그들의 관점에 이의를 제기하고, 우리가 가진 일관성과 결과의 기준에 비추어 그들을 거부할 이유는 없습니다. 오히려 이런 다양성은 우리가 그들이 그리스도의 이름을 굳게 붙들고, 이 이름이 의미하는 바와 같이 그리스도의 충만한 진리와 생명으로 돌아가도록 격려해 줍니다.

7. 역사적 예수와 신앙의 그리스도

기독교의 본질에 관한 탐구는 자연스럽게, 그리고 모두의 동의를 얻어 다음의 질문으로 되돌아갑니다.

그리스도는 누구였으며, 그는 무엇을 가르치고 무엇을 하였습니까?

당신은 그리스도에 대해 어떻게 생각하십니까?

이 질문은 종교와 신학에서 원리적 질문이며, 여전히 그런 성격의 질문으로 남아 있습니다. 확실히 모든 시대의 교회는 이 그리스도를 성육신하신 말씀으로, 하나님과 사람 사이의 중보자로 고백합니다.

그러나 사람들은 이 신앙고백이 초대 교회의 고백이 아니라 철학적 사상의 영향을 받아 2세기에 들어서야 발생한 것입니다. 여러 시대에 걸쳐 증명하려고 했습니다. 이와 관련하여 대부분의 신약성경 기원은 1세기에서 2세기로 옮겨져야 했습니다. 그러나 바울의 네 개의 주요 서신(에베소서, 빌립보서, 골로새서, 빌레몬서)과 같은 일부 글은 이러한 이동에 완고하게 저항해 왔습니다.

결과적으로, 학자들은 교회의 기독론이 주로 1세기에 그 기원을 두었다는 것을 깨닫기 시작했습니다. 따라서, 여러 신약성경의 기록을 훨씬 후대로 옮겨야 할 이유가 사라졌습니다. 거의 모든 신약성경의 기원은 연속적으로 1세기로 거슬러 올라갔습니다.

1897년에 하르낙은 사람들이 가장 오래된 기독교 문헌에서 속임수와 위조의 그물을 본 때가 있었지만 그런 시대는 지나갔다고 말했습니다. 전통적으로 배열한 문서들에 대한 연대기 목록은 바울의 서신으로부터 이레니우스의 글에 이르기까지 모든 주요 요점에서 정확합니다.

기독교가 외국의 출처로부터 설명된다면, 그러한 출처는 학자들이 한때 받아들일 수 있었던 것보다 훨씬 더 일찍 회중 가운데 활동하고 있었어야 했습니다.

그러므로 바울이 교회론적 기독교의 진정한 창시자라는 생각이 생겨났다. 팔레스타인의 가장 오래된 교회들은 아직 그리스도를 성육신하신 말씀으로 고백하지 않았습니다. 예수와 함께 종교는 여전히 순수한 내적 특성이었지만, 바울은 그리스도를 종교의 내용과 대상으로 만들었습니다.

예수의 종교에 대한 그의 위조는 구체적으로 다음과 같은 내용으로 구성됩니다.

첫째, 바울은 인간 예수의 신격화를 소개하여 역사적 예수를 하늘의 피조물로 바꾸었습니다. 그는 선재하시며 죽은 자 가운데서 살아나시고 지상에 나타나신 후에 승천하셨습니다.

둘째, 바울은 객관적으로 인간을 떠나 (혹, 인간과 관련되지 않고 독립적으로) 이루어지는 초자연적 구원을 덧붙였습니다.

셋째, 그는 속죄, 희생제사적 그리스도의 개념을 원래 기독교에 도입하여 로마가톨릭 미사의 희생제사를 위한 길을 준비해 주었습니다.

넷째, 이 모든 것에 바울은 객관적으로 작용하는 신비로서 성례전의 교리를 덧붙였습니다.

몇 년 전에 라가르더(Lagarde)는 이미 이런 식으로 말했습니다. 하르낙은 이 정도까지는 오지 않았고, 여전히 바울을 예수님을 잘 이해한 사람으로 인정하려고 합니다.

결정적인 관점에서, 하르낙은 바울이 예수의 원래 복음을 변형시켰다는 사실을 인정하지 않을 수 없다고 봅니다. 예수에게 복음은 하나님과 영혼 사이의 문제였고 구원은 주관적인 경험이었습니다.

그러나 바울과 함께, 그리스도는 하나님과 사람 사이에 서게 되며, 그리스도는 우리 자신과 관련 없이 별개로 우리의 구원을 가져옵니다. 다른 일부 사람은 그들의 견해를 훨씬 더 냉철하게 표현하여, 바울을 복음의 위대한 부패자라고 부릅니다. 그들은 크게 또는 조용히 이 구호에 동참합니다.

바울은 물러가라. 예수께로 돌아가자!

그러나 이런 식으로 사도를 이방인들에 대하여 기독교의 진정한 창시자로 높이는 것은 문제를 단순화해 주지 못합니다. 우리는 가말리엘의 제자, 교만한 바리새인, 열렬하게 조상의 율법을 열심히 하는 바울에 관하여 다음과 같은 질문에 직면해야 합니다.

바울은 메시아의 선재, 죄에 대한 만족, 부활, 승천 등에 관한 사상을 기독교에 관한 틀에 어떻게 통합할 수 있었는가?
피비린내 나는 박해를 받는 회중의 십자가에 그리고 못박힌 나사렛 사람에게 이 사상을 어떻게 적용할 수 있었는가?
이것이 설명될 수 있다 하더라도 (전혀 사실이 아니지만), 항상 또 다른 신비가 남아 있지 않은가?
바울은 원래 기독교와 경험에 대한 자신의 '위조'를 기존 회중이나 예루살렘에 있는 사도들의 사실상 반대 없이 어떻게 제시할 수 있었는가?

바울과 어떤 유대인 형제들 사이에 약간의 다른 점이 있었지만, 이 차이는 구약 율법과 관련하여 복음에서 흘러나온 결과에 국한되었습니다. 그리스도의 인격, 그의 죽음과 부활에 관해서는 차이가 없었습니다. 모든 사도는 여기서 완전히 동의했습니다. 가장 오래된 회중 안에서 기독론에 대한 투쟁이 있었다는 암시는 없었습니다.

따라서, 초대 교회에는 바울에게서 시작되지 않은 기독론이 이미 있었다는 것 외에 다른 결론은 없습니다.

가장 오래된 교회가 그들이 처음 존재하는 순간부터 그리스도가 약속된 메시아, 하나님의 아들, 신도들의 주님, 산 자와 죽은 자의 심판주라고 이미 고백했다면 두 가지 설명만 가능합니다.

그리스도가 교회의 산물이거나, 신자들이 그리스도의 산물입니다.

먼저, 그리스도가 교회의 산물이 사실이라면 다음을 상상해야 합니다. 어떤 상황이나 사회적 환경 때문에, 어떤 사회 집단이 유대교, 인도, 바빌론, 이집트 및 기타 출처에서 그리스도 형상에 대한 모든 종류의 특징을 취하여, 이들을 실제 (또는 실제가 아닌) 예수에게 적용했습니다.

그러나 이렇게 시도된 해결책은 너무 피상적이어서 이 "해결책"이 제대로 확립될 수 있으리라고 누구도 감히 예상할 수 없었습니다.

이 그룹의 사람과 연관된, 답변하지 않은 질문이 있습니다.

무엇이 그 많은 외부적 요인을 한데 모았고, 무엇이 그들을 연합시켰는가?

초기 기독교를 구성했던 이러한 단순한 사람들이 어디에서 그리스도 형상의 특성을 끌어낼 수 있었는가?

어떻게 이러한 특성들을 한 조화로운 전체로 결합하여서, 한 특정한 인격 안에서, 예수의 특성으로 구현할 수 있었는가?

그들이 이러한 예수의 존재를 믿었던 이유는 무엇인가?

여기에는 너무나 많은 수수께끼와 신비가 있어서 잠깐 열리는 것처럼 보였던 신학적 도피가 곧 해결할 수 없는 난관으로 판명되었습니다.

그러므로 그리스도 없이 기독교를 설명할 수 없다는 것 외에 다른 답변은 없어 보입니다. 대부분 신학자는 예수가 실제로 존재했고 살았다는 것을 인정합니다.

그런데 이상한 일이 발생합니다. 한때 교회가 그리스도에게 속하게 했지만, 예수에게는 부인되는 많은 속성이 있습니다. 매우 많은 경우, 이러한 속성들은 교회의 환상, 즉 모든 종류의 영향에서 파생된 환상에서 설명되어야 합니다.

그리고 이것이 불가능해 보일 때, 우리는 이러한 속성들을 역사적 예수에게 다시 부여해야 합니다. 그리스도와 예수와 관련된 이러한 발전은 그리스도 형상에 대한 묘사가 매우 다양하기 때문입니다.

칼토프(Kalthoff)에 따르면 실제로 모든 대학에서 그리스도의 형상을 다르게 가르치고 있습니다. 한 학자에 따르면 예수는 존재했지만, 다른 학자는 그가 존재하지 않았다고 말합니다. 한 사람은 예수가 자신을 메시아로 여기고 계시했다고 믿지만, 다른 사람은 이것을 강력하게 부인합니다. 한 사람은 그의 무죄성을 주장하고, 다른 사람은 그것을 부인합니다. 예수께서 하신 모든 말씀과 그분이 하신 모든 일, 그분의 생애에서 일어난 모든 사건도 마찬가지입니다.

역사적 비평은 항상 하나의 예수 형상을 만들거나 다른 견해를 그럴듯하게 만들려고 합니다. 그것의 계속되는 변화는 의견의 파도와 함께 오르락내리락합니다.

조용한 진행의 징후는 전혀 없습니다. 모든 순간은 자신이 들어왔던 길로 되돌아가는데, 이들이 찾고자 한 길은 막다른 골목이라는 것이 곧 분명해졌기 때문입니다.

8. 부인할 수 없는 메시아, 하나님의 아들에 대한 예수의 자의식

    기독교를 그리스도의 인격으로부터 설명하기를 원하지 않는 역사비평은 항상 그리스도의 자기-증거라는 반석 위에 세워져 있습니다. 역사비평은 역사적 예수가 확실하게 남을 수 있는 것을 거의 허용하지 않습니다.
    하지만, 이 정도로 역사적 예수에 관하여 적게 남은 것에도 자연법칙의 절대적인 지배에 대한 믿음과 자연법칙에 대한 예외를 허용하지 않는 그들의 견해가 충분할 정도로 적용됩니다.
    예수는 요한복음과 사도들의 서신뿐 아니라 공관복음에서도 일반 사람들과는 완전히 다르게 우리 앞에 나타나십니다. 그는 자신이 하나님의 아들이요, 인자라는 것을 분명히 의식하고 있었습니다. 그는 자신이 아버지를 완전히 독특한 의미로 알고 있다는 것과 자신이 조상에게 약속된 이스라엘의 메시아로 아버지에 의해 보내심을 받았다는 것을 알고 있었습니다. 그는 항상 아버지와 끊임없는 친교를 나누며 살았고, 아버지의 뜻을 성취하십니다. 예수는 죄의 용서와 영원한 구원을 자기 죽음과 연결하시고, 자신의 부활과 승천을 예언하시고, 산 자와 죽은 자의 심판자로 다시 오실 것을 선포하셨습니다.
    하르낙은 모든 실제적인 기적을 확실히 부인하지만, 예수가 완전히 독특한 의미로 아버지를 알고, 아버지와 중단 없이 교제하며 살았고, 자신을 메시아로 보았다는 윤리적 기적을 받아들입니다.
    그런데 하르낙은 이 윤리적 기적을 설명하려고는 하지 않고, 오직 인격의 신비에만 호소합니다. 이렇게 그는 모든 기적을 정당화할 수 있었지만, 이것은 말장난에 불과합니다.
    바울도 신비에 대해 말하면서 그것을 경건의 비밀이라고 했습니다. 바울은 비록 그것을 이해할 수 없었지만, 그 비밀의 내용을 알고 있었습니다. 경건의 비밀은 그리스도에 관한 것으로, 하나님이신 예수께서는 육신으로 나타나셨고, 성령으로 의롭다 하심을 받으시고, 천사들에게 보이시고, 만국에서 전파되시고, 세상에서 믿은 바 되시고, 영광 가운데 올려지셨습니다(딤전 3:16).

9. 예수 그리스도 그 인격 자체를 아는 믿음의 절대적 중요성

열린 마음의 역사적 연구는 예수 자신의 말과 처음부터의 교회의 믿음에 따라, 예수가 그리스도라는 확신으로 이끕니다.

기독교가 다양한 입장으로 나누어진 것은 로마가톨릭과 개신교 사이의 차이점이나 정통파와 자유주의 사이의 차이점 또는 어떤 교회와 교파 사이의 차이점으로 인한 것이 아닙니다. 그것은 어린아이와 같은 태도와 입술로가 아니라, 분명히 그들의 마음으로 예수에 대한 이 증언을 받아들이는 자들과 그리스도를 거부하는 자들 사이에서 나눠진 것입니다.

오늘날 예수를 알고 믿는 데 중도적 입장을 찾는 사람들이 많이 있습니다. 그러나 그들이 믿고자 하는 예수는 단지 하나님의 아버지 되심의 복음을 가장 먼저, 가장 명료하게 설명하신 분에 해당합니다. 그들은 예수의 기독교(Christentum Jesu)를 참된 기독교라고 말합니다. 그들은 예수를 그리스도가 아닌 최초의 탁월한 그리스도인으로 여기면서 기꺼이 예수의 신앙과 같은 신앙, 또는 예수님을 통한 신앙, 즉 예수를 통해 처음 가능하게 되었고 그분의 인격에 감동하여 창조되고 강화된 신앙의 일부가 되기를 원합니다.[14]

---

14 강조는 바빙크에 의한 것입니다. 예수가 믿은 대로 믿는 신앙은 일반적으로 개신교 자유주의에서 추구하는 신앙입니다.

그러나 그들은 **예수 그분에 대한 믿음**(a faith in Jesus), 즉 그리스도 그분에게 향하는 믿음 그리고 그리스도 안에서 아버지에게로 향하는 믿음을 필요로 하지 않습니다.[15] 그들은 애매한 위치에 있는데, 그들은 예수께 호소하는 것 같지만 실제로는 그분을 부인하기 때문입니다.

만약 예수가 그리스도, 아버지의 기름 부음 받은 자, 하나님과 사람의 중보자가 아니라면 그는 우리에게 어떤 특별한 존재가 되지 못합니다. 이 경우 예수는 다른 모든 종교의 창시자들과 동등하며, 모든 윤리 설교자와 동등합니다. 우리의 기독교는 렙시우스(Lepsius)가 말한 바와 같이, 숭고한 율법주의(Sublimer Nomismus)에 불과하며 복음에 대한 유대교의 관점 이상을 뛰어넘지 못합니다.

기독교에 관한 교회의 견해는 언제나 새로운 공격에 직면하지만, 성경의 탐구를 통해 끊임없이 새롭게 정당화되었습니다. 결국, 교회는 시대를 따라 복음에 관해 변화된 견해를 제시했던 역사적 연구의 "역사적으로 진정한 이해"(geschichtlich authentische Verständnis)보다 역사적으로 더 결함이 없다는 것이 항상 증명되었습니다.

10. 신학의 출발점과 직무

만일 그리스도가 교회가 그에 관해서 고백하는, 참으로 그러한 분이라면, 단순한 설교자가 아니라 복음의 주체이자 대상이라면 (그렇다. 그의 인격과 사역 속에서, 그는 복음 그 자체시다), 기독교의 본질에 관한 탐구는 아직 결론에 이르지 못했습니다.

15　강조는 번역자에 의한 것입니다.

기독교의 출발점과 중심이 그리스도에 관한 신앙고백에 있는 것은 사실이지만, 아직 우리는 아직 그 충만한 내용을 갖지 못한 것도 사실입니다. 우리는 그리스도와 함께 멈출 수 없는데, 그것은 그리스도가 복음의 주체요 대상이요, 핵심이며 중심이기 때문이며, 또한 그리스도가 기독교의 기원이 아니며, 종착역도 아니기 때문입니다.

그리스도는 하나님과 사람의 중보자이시므로, 그가 하나님이 만유 안에 만유가 되시는 미래를 가리키듯이, 그리스도 자신으로부터 아버지께로 돌아가는 것을 가리키십니다.

이 에세이에서 이러한 생각의 폭을 넓힐 기회는 없습니다. 그러나 결론적으로 다음과 같이 말할 수 있습니다.

기독론에서 출발점을 취하는 교의학은 우리가 설명한 대로, 거기서 멈출 수 없으며, 바로 이 출발점으로부터 그의 말씀에서 하나님께서 성도들에게 부여하신 그리스도의 영광의 풍부한 내용을 펼치는 데로 나아가야 합니다.[16]

각각의 교리가 구성하는 완전한 교의학과 기독교 전체 역사의 핵심은 무엇입니까?

교의학과 기독교 전체 역사는 그 본질에서, 자신의 증언에 따라서, 그리스도에게 속한 위치를 단지 결정하고 유지하는 데 있습니다. 그것은 삼위일체와 같은 신적 존재, 창조, 세계, 인류, 교회, 문화, 만물과의 관계에서 **그리스도의 위치입니다.**

---

16 참고. 이 비밀은 만세와 만대로부터 감추어졌던 것인데 이제는 그의 성도들에게 나타났고 하나님이 그들이 이 비밀의 영광이 이방인 가운데 얼마나 풍성한지를 알게 하심이라 이 비밀은 너희 안에 계신 그리스도시니 곧 영광의 소망이니라 우리가 그를 전파하여 각 사람을 권하고 모든 지혜로 각 사람을 가르침은 각 사람을 그리스도 안에서 완전한 자로 세우려 함이니 이를 위하여 나도 내 속에서 능력으로 역사하시는 이의 역사를 따라 힘을 다하여 수고하라(골 1:26-29, 개정).

제2부 기독교의 본질("Het Wezen des Christendoms," 1906)   189

 그러나 그리스도 위치를 결정하고 유지하는 데 있어서 교회는 단지 도구일 뿐입니다. 실제로 이 위치에 도달하고 모든 반대에도 불구하고 그것을 유지하는 것은 그리스도 자신입니다.
 만약, 우리가 이 직무를 고려하고 수행한다면, 기독교는 마침내 모든 아름다움과 영광으로 우리 영혼의 눈에 나타날 것입니다.
 기독교는 성부가 자기 아들의 죽음을 통해, 그에 의해 창조되었지만 타락한 세상을 자신과 화해시키고, 그의 영을 통해 타락한 세상을 하나님의 나라로 재창조하는, 다름 아닌 삼위 하나님의 실제적이고 최고의 사역입니다.[17]

---

17   강조는 번역자에 의한 것입니다.

제3부

그리스도와 기독교
("Christ and Christianity," 1916)

제1장 해제

제2장 그리스도와 기독교

피히테(J. G. Fichte)는
그리스도가 단지 그의 계명과 모범을 남기기 위하여
한때 이 땅에 살았고
따라서 재림한 그리스도는 자신이 전적으로 잊혔을지라도
기독교가 단순히 인간의 마음을 다스리면
충분히 만족할 수 있을 것이라고 주장하였습니다.

그러나
그리스도는 하나님 우편에 앉아 있는 살아 계신 주님이며,
지금도 그의 말씀과 성령을 통해 구속 사역을 계속하고 있습니다.

제1장

해제

"그리스도와 기독교"(1916)는 바빙크가 기독교의 본질을 다룬 세 작품 중, "기독교의 본질"(1906), "기독교"(Het Christendom, 1912)에 이어 가장 늦게 1916년에 출판한 논문입니다.

"그리스도와 기독교" 네덜란드어 원고 1페이지

"그리스도와 기독교"(1916)는 여러 종교에 대한 소개 팸플릿에서 바빙크가 기독교를 소개한 『기독교』(Het Christendom, 1912)의 일부를 요약하면서

제3부 그리스도와 기독교("Christ and Christianity," 1916)   193

새로 편집하여 학술지에 기고한 논문입니다.

바빙크는 영문 학술지에서 출판을 고려하여 네덜란드어 원고 제목을 영문 "Christ and Christianity"로 작성했습니다.

위에 캡처된 바빙크의 원고에서와 같이 PDF 30장 분량의 원고에서 23페이지 마지막 부분에, 바빙크는 영어 번역자에게 『기독교』(*Het Christendom*)의 11-21페이지를 그대로 번역하라는 메모를 남겼습니다. 그리고 적용과 결론으로 다음 페이지를 이어 나갑니다.

"그리스도와 기독교"는 다음 세 부분으로 되어 있습니다.

첫째, 기독교가 다른 모든 종교와 구분되는 독특한 한 가지 특징은 기독교에서 그리스도의 위치입니다.

둘째, 위 특징으로부터 예수는 그리스도로 구약의 예언된 메시아지만, 그리스도가 하나님의 아들 곧 하나님이라는 사실이 기독교 신앙의 중심을 차지합니다.

그리스도는 살아 계신 하나님입니다. 바빙크는 그리스도를 어떻게 신격화하는지와 상관없이 중간적인 모든 믿음을 거부합니다. 그리스도는 창세전부터 하나님과 함께 있었던, 즉 존재론적 의미에서 하나님의 아들, 하나님입니다.

셋째, 예수에 대한 이러한 신앙고백은 인간론적이고 주관적입니다. 그러나 이에 대한 객관적인 측면에서의 신학적 평가를 통해 이 믿음은 타당성을 갖습니다.

  바빙크는 이를 신약에 국한하여 세례 요한으로부터 예수의 자의식과 증거, 사도들의 증언을 통해 확증합니다. 예수에 대한 사도들의 증거가 신약성경이 된 것과 같이 그리스도에 대한 신앙은 사도들의 증거를 하나님의 말씀과 같이 받아들이는 것을 포함합니다. 바빙크는 변증이나 다른 증거들을 제시하여 예수가 그리스도, 하나님 아들이심을 논증하는 것이 아니라, 성경의 증거, 곧 사도들의 증거로 이를 확증합니다.

  "그리스도와 기독교"는 학술지에 실린 논문이지만 각주가 없습니다. 바빙크는 이 작품을 수필 또는 설교와 같은 형식으로 작성했습니다.

  필자는 이 작품을 읽을 때마다 은혜로운 설교를 듣는 것같이 많은 은혜를 받았습니다. 이 글을 읽는 모든 분도 은혜로운 설교를 듣는 것과 같이 이 글을 읽어 보시기를 권면 드립니다.

제2장

그리스도와 기독교("Christ and Christianity")[1]

1. 기독교의 구별되는 본질: 기독교에서의 그리스도의 위치

기독교와 다른 모든 종교 사이에서 하나의 현저한, 특징적이고 실제적인 차이점이 지금까지 언급되었습니다.[2]

우리는 이러한 사실을 소수 종교들에서 확인할 수 있습니다. 소수 종교들이 위대한 영, 지극히 높은 아버지, 전능한 주라고 불리는 '최고의 존재'를 깨달았을지라도, 이것은 특별히 평범한 사람들에게는 일반적으로 죽은 믿음입니다. 모든 소수 종교는 실제로 정령 숭배(精靈崇拜, animism)와 물신숭배(物神崇拜, fetichism)로 그리고 미신과 마법으로 옮겨졌습니다.

반면에 모든 고등 종교는 어떤 구별되는 주요한 특징으로 자신들을 기독교와 차별화합니다. 고등 종교들은 의심할 여지없이, 다양한 고귀한 특

---

1 Herman Bavinck, "Christ and Christianity," trans. A. A. Pfanstiehl, The Biblical Review I(1916): 214-236.
2 다른 모든 종교와 달리 기독교의 구별되는 한 가지 특징은 기독교 내에서 그리스도의 위치에 있다는 사실이 바빙크 자신의 견해뿐만 아니라 계속 언급됐음을 강조하고 있습니다. 바빙크 자필 네덜란드어 원고(Bavinck's Archive, no.150; https://sources.neocalvinism.org/herman-bavinck-archive/?num_image=1&id_image=5288)에서 강조는 밑줄로 표시했는데, 여기서 강조는 원고에 없는 번역자에 의한 강조이며, 바빙크의 의도를 충분히 잘 반영했습니다.

성들을 가지고 있어서 기독교와 순전히 반정립(antithesis) 관계에 서 있지는 않습니다.³

이 고귀한 특성들은 기독교에 많은 선교적 접촉점을 제공합니다. (일반 은혜로 갖게 된) 고귀한 특성들은 모든 차원에서 기독교와 유사한 측면이 있습니다. 그러므로 이 특성들은 거부되어서는 안 될 뿐 아니라, 복음으로 그 의미를 완성하고 강화해 주어야 합니다. 특별계시는 일반계시를 확정하고 완성해주기 때문입니다.⁴

고등 종교는 기독교와 하나의 구별되고 전적으로 다른 특징을 가지고 있고, 이 특징은 종교 창시자들이 그들 종교에서 차지하는 위치와 중요성에서 주로 확인됩니다.

페르시아에서 조로아스터(Zoroaster), 중국에서 공자, 불교에서 고타마(Gautama), 이슬람교에서 모하메드는 실제로 대단한 재능을 가졌고, 어떤 한 가지 결정적인 구원의 방법을 제시했습니다. 그래서 그 정도가 어찌하든 간에 신격화된 인물들로 추앙되었습니다. 그러나 이들 각각의 종교 창시자들은 결국 자신을 위한 구원의 여정을 걸어야 했고, 창시자들 각각은 결국 자신의 구원자입니다.

따라서, 이들 종교에서 창시자들은 실제로 그 종교의 첫 번째 신자였고, 창시자의 이름이 잊혀도 그들이 제시한 구원의 방법만 남아 있다면 그 종교는 유지됩니다.⁵

폰 하트만(Ed. von Hartmann)이 제시한 종교의 특성 묘사에 따르면 이들 모든 종교는 자력 구원(auto-soteric)의 종교입니다.

---

3 네덜란드어 원고에 있는 louder(순전한)를 영어 번역본은 exclusive(배타적인)로 번역하여 의미를 강조했습니다.
4 이 문장은 번역 및 편집자에 의한 것입니다. 그 의미는 본 저서 앞부분 해제를 참조하기 바랍니다.
5 이 문장은 번역 및 편집자가 바빙크의 『개혁교의학』, 『하나님의 큰일』에 있는 그의 말로 보충하였습니다.

그러나 기독교에서 그리스도는 말하자면 기독교 자체입니다.

피히테(J. G. Fichte)는 그리스도가 단지 그의 계명과 모범을 남기기 위하여 한때 이 땅에 살았고, 따라서 재림한 그리스도는 자신이 전적으로 잊혔을지라도 기독교가 단순히 인간의 마음을 다스리면 충분히 만족할 수 있다고 주장하였습니다.

하지만, **그리스도는 하나님 우편에 앉아 있는 살아 계신 주님이며, 지금도 그의 말씀과 성령을 통해 구속 사역을 계속하고 있습니다.**[6]

이러한 점에서, 앞에서 언급한 모든 종교의 믿음의 조항들, 예를 들면 하나님과 세상에 관한 조항들, 인간과 인간의 죄에 관한 조항들, 인간의 구속 그리고 인간의 운명에 관한 조항들은 기독교와 전혀 다른 의미가 있습니다.

중국 종교는 이신론적(deistic)이고, 불교신자들은 심미적(atheistic)이고, 페르시아인들은 이원론적(dualistic)이고, 모하메드인들 운명론적(fatalistic)입니다. 이들 모든 종교에는 하나님의 거룩함에 관한 참된 개념이 없고, 죄의 본질, 구속 사역에 대한 참된 개념이 없고, 하나님 나라의 발전과 완성에 대한 참된 개념이 없습니다. 아버지의 사랑, 그의 아들의 은혜, 성령의 교통은 이들 모두에게 알려지지 않았습니다.

우리는 보다 높은 차원에서 이런 방식으로 다른 종교에 있는 선한 것을 인정하면서도, 그 안에 있는 오류와 약함을 판별할 수 있습니다. 따라서, 우리는 다른 모든 종교의 교정과 완성이며, 스스로 참된 종교임을 증명하

---

6   강조는 번역자에 의한 것입니다. 살아 계신 그리스도에 대한 믿음은 카이퍼를 포함하여 바빙크에게 믿음의 중심에 해당합니다. 따라서, 그리스도의 현재 사역에 대한 언급이 자주 발견됩니다. 또한, 카이퍼와 함께 바빙크는 성경에 관한 역사비평을 반대하면서 무조건 과거로 돌아가는 보수주의도 반대했습니다. 왜냐하면, 그릇된 보수주의는 전통을 고수하면서 살아 계신 그리스도를 떠나게 됨으로써 결국 무능해지기 때문입니다.(Craig G. Bartholomew, Contours of the Kuyperian Tradition: A Systematic Introduction(Westmont, IL: InterVarsity Press, 2017), 96.

는 그러한 기독교에 마땅히 감사해야 합니다.

2. 예수가 그리스도이며 그 그리스도가 하나님의 아들이라는 신앙의 중요성

예수가 하나님의 아들이라는 신앙고백은 교회의 토대를 형성했습니다. 너는 예수를 누구라 생각하느냐(마 16:13-18)?

이 질문에 대한 답변이 예수의 친구와 적의 차이점을 나타냅니다.

나사렛 예수가 하나님의 아들이며 세상의 구세주라는 신앙고백으로부터 교회가 세워지고 발전하였고, 교리(dogma)[7]의 역사의 시작과 부흥이 이루어졌습니다.[8]

이미 안디옥에 있던 예수의 제자들이 그리스도인이라는 이름으로 불리었고(행 11:26), 공개적으로 그리스도를 하나님으로 경외하는 인상을 준 것처럼, 그들은 스스로 그리스도를 하나님으로(Pliny), 산 자와 죽은 자의 심판자로(Clement) 생각하고 있음을 분명하게 의식하였습니다.

그러나 이 고백이 공식화될 때 온갖 어려움이 일어났습니다. 한편으로는 에비온주의(유대주의)와 다른 한편으로는 영지주의(민족주의)라는 대표적인 두 가지 암초를 피할 수 없었습니다.

---

[7] 오늘날 모든 권위가 부정되는 가운데 교리란 말 자체에 많은 그리스도인도 거부감을 느낍니다. 그러나 교리라는 용어가 성경 번역에서 "성경적 가르침"으로 사용된 것과 같이, 바빙크에 따르면, 교리는 그 자체로서 진리로서 성경에 기반을 둔 "신적 권위"와 우리를 위한 진리로 "교회가 수용하고 고백"하는 두 요소를 가지고 있습니다. 이에 관한 내용에 대해 다음을 참조하십시오. 바빙크, 『개혁교의학1』, 65-72.

[8] 바빙크의 『개혁교의학』에도 나오는 내용이며, 다음에 번역된 『기독교』(Het Christendom)에서 이 의미를 자세하게 설명하고 있습니다.

에비온주의에서 예수는 단순히 세례를 받을 때 많은 재능을 받았고, 그래서 영화롭게 된 신격화된 한 인간입니다. 영지주의에 따르면 예수는 인간 육체 안에 나타난 일시적이고 천상적인 신적인 존재였습니다.

이레니우스, 터툴리안, 오리겐 그리고 다른 교부들과 같은 인물의 지도 아래서 교회는 이 두 암초 사이를 안전하게 항해했고, 마침내 공의회들의 합의된 신앙고백에 이르게 되었습니다.[9]

즉, 하나님의 영원한 독특한 독생자 그리스도는 때가 차매 동정녀 마리아로부터 인간의 본성을 취했습니다. 그리스도는 신성과 인성, 두 본성의 한 인격으로서의 연합입니다.

이 신앙고백은 기독교회들의 신앙 중심 조항이 되었고, 오늘날까지 기독교회들이 서로를 인정하고 존중하는 공동 기반이 되었습니다.[10]

그리스도에 대한 신앙에 대한 공식화 문제는 추상적인 공식화의 문제가 아니었다는 것은 말할 것도 없고, 무관심으로 방치할 문제도 아니었습니다.

---

[9] 고대 교회가 왜 그토록 오랫동안 그리스도의 신성과 인성에 관한 논쟁과 신조로서의 공식화에 힘써 왔을까요? 그 내용이 기독교의 복음 자체였기 때문이었습니다. 사도들 시대 이후에 2세기 무렵부터 조직적인 기독론적 이단이 등장했습니다. 그리스도의 신성을 부인하는 아리우스주의는 니케아 공의회(325 A.D.)에서 정죄 되고, 그리스도의 신성에 대한 신조가 확립되었습니다. 니케아 콘스탄티노플 신조(381 A.D.)에서는 성령의 신성에 대한 신조를 포함하였습니다. 이후 교회는 그리스도의 신성과 인성이 어떤 관계를 맺느냐로 논쟁과 분열이 있었고, 칼케돈 공의회(451 A.D.)에서 그리스도의 완전한 인성과 완전한 신성이 한 인격 안에 있음을 확정했습니다. 이러한 두 본성 가운데 두 본성은 혼돈이 없고, 변화가 없고, 분열이 없고, 분리가 없다는 4개의 부정부사를 사용하여 오늘날까지도 유용한 기독론의 범주(boundary)를 제공합니다(간략한 소개: http://hopedisabledchurch.onmam.com/bbs/bbsView/107/5228142).

[10] 기독론의 모든 오류와 이단은, 바빙크에 따르면, 결국 그리스도의 인성만을 인정하는 에비온주의와 신성만을 인정하는 영지주의 두 분류로 대표됩니다. 바빙크가 동시대의 모든 신학과 사상을 이 두 가지 분류로 구분했고, 이는 오늘날에도 그대로 적용될 수 있습니다.

살아 계신 하나님의 아들로서의 그리스도에 대한 신앙의 문제는 기독교의 실체와 존재 자체의 문제였고, 따라서 절대적인 성격의 문제였습니다. 또한, 유대교와 이방주의와의 특별한 구별에 대한 문제였고, 그리스도에 주어진 신적 계시의 실재와 최종성에 관한 문제였습니다. 더 나아가 교회의 독립적 존재와 신자들의 개별적 삶에 관한 문제였습니다.

이러한 기독교의 개념은 그리스도의 인성과 신성, 두 본성 교리에서 그 표현이 발견됩니다. 두 본성 교리에서 완전한 이해를 할 수 없는 인간의 연약함이 부인될 필요는 없지만, 두 본성 교리는 성령과 육체를 따라 예수가 역사적 존재라는 아래로부터의 그리스도에 대한 관점과 위로부터의 그리스도에 대한 관점 모두보다, 예수가 실제로 누구였고 그 안에서 교회가 무엇을 소유했는지에 관하여 훨씬 더 많은 것을 가르쳐 줍니다.

기독교 신학의 출발점을 그리스도의 인성과 신성, 이 두 본성 교리로부터 시작하는 것보다 더 나은 것은 없습니다.[11] 따라서, 그리스도의 두 본성에 대한 신앙고백은 다른 모든 교리보다 훨씬 더 높게 고양될 때 그 정당성을 갖게 됩니다.

성육신이 성경이 하나님의 영감으로 쓰였다는 교리와 하나님이 우리와 함께 거하신다는 교리 이상으로 고양될 때, 두 본성에 관한 교리가 훨씬 더 높게 고양될 때, 우리의 신앙고백은 그 정당성을 갖게 됩니다. 곧 **육체를 따라 다윗의 후손으로 태어난 예수, 그분이 바로 만물을 다스리는 하나님이라는 신앙이 고백 될 때입니다.**[12]

이러한 기독론적 교리에서, 자연스럽게 세계를 아우르고 인류를 통치하는 그리스도에 대한 신앙고백이 그 중심을 차지합니다.

---

11 이 문장은 번역자가 편집한 것으로, 바빙크의 『개혁교의학』을 포함한 그의 여러 저서에서 언급된 내용입니다.
12 강조는 번역자에 의한 것입니다.

그리스도께서 참으로 하나님의 아들로서 태초에 천지를 창조하셨고, 자신의 형상대로 사람을 창조하셨기 때문입니다. 동시에 그분은 구속의 중재자이며, 자신의 인격과 사역을 통해 죄로 저주 받은 세상을 하나님과 화해시켜 하나님과 연합시키셨습니다. 그리고 하늘로 올라가신 승천 이후 그분은 성령을 부어주어 말씀과 성례를 통해 교회를 모으시고, 인간과 세상을 하나님의 나라로 새롭게 만드십니다.[13]

3. 주관적인 그리스도에 대한 신앙고백의 객관적인 신학적 측면에서의 타당성

그리스도에 대한 신앙고백이 주관적이고 인간론적인 측면을 갖는다는 점에서, 기독교는 실제로 다른 많은 종교 중에 하나로, 이 고백은 인간의 고백에 해당합니다. 그러나 이 고백은 아버지, 아들, 성령으로 이루어진 하나님께서 세상에서 위대한 일을 이루시고 있다는 것을 함축합니다.

기독교가 다음과 같을 때, 인간의 영혼이 기독교의 진리와 거룩함 앞에 서 있게 됩니다. 주관적인 그리스도에 대한 신앙고백을 객관적인 신학적인 측면에서 볼 때만, 그리고 그로부터 아버지께서 자기 아들의 죽음을 통해 창조하셨지만 타락한 세상을 화해시켜서, 그의 성령을 통해 하나님의 나라로 재창조하시는 신적 사역에 영광을 돌릴 때, 인간의 영혼이 기독교의 진리와 거룩함 앞에 서 있게 됩니다.[14]

시대의 흐름 속에, 특히 18세기 이후 공식적으로 기독교의 특성을 탐구하기 시작한 후, 기독교의 본질에 관해 다양한 견해들이 주장되었습니다.

---

13 그리스도와 창조와 구속의 중보자이며, 그리스도의 사역은 구약 시대에도 있었고, 지상에서 있었고, 그리고 현재에도 이루어지고 있음을 말하고 있습니다.
14 강조는 번역자에 의한 것입니다.

18세기 전까지는 기독교 본질에 관한 탐구의 필요성을 느끼지 않았습니다. 왜냐하면, 신자들은 기독교를 소유하는 것을 즐거워했고, 그들이 속한 교회가 신앙고백으로 표현한 특징적인 개념 안에서 완전한 편안함을 느꼈기 때문입니다. 모든 신자에게 기독교는 그들 자신의 종교적 교제 안에서 발견되는 교의, 예전 그리고 교회의 통치와 동일했습니다. 무엇이든지 이로부터 이탈되는 것은 불순하였고, 작든 크든 오류와 혼합된 것으로 간주하였습니다.[15]

그러나 종교개혁 기간 중 그리고 이후에 다양한 신앙고백, 교회, 종파들이 계속 증가함에 따라, 기존의 기독교 개념에 대한 다른 이해가 서서히 자리잡기 시작했습니다.

개혁파와 루터파 정통주의는 종교개혁 이후 얼마 지나지 않아 믿음의 근본적인 조항과 비 근본적인 조항과의 구별을 만들기 시작했습니다. 헬름슈타트(Helmstadt) 신학자들은 칼릭투스(Calixtus) 같은 지도자와 함께 사도신경으로 되돌아갔습니다.

소위 성경신학자라고 불리는 사람들은 교회의 가르침과 독립된 주해(exegesis)로부터 그들 자신이 생각하는 대로 끌어낸 신약성경 교리들을 참된 기독교라고 주장하였습니다. 이신론자들과 합리주의자들에게는 이성이 모든 판단의 기준이었습니다. 그들은 기독교의 내용은 이성과 부합되어야 하므로, 이성을 통해 과거에 발견되었거나 혹은 최소한 장차 이성을 통해 발견될 수 있는 성경 진리만으로 기독교의 본질이 구성된다는 견해를 가지고 있었습니다.[16]

---

15 18세기 이후 모든 권위에 대한 의심 가운데, 기독교 본질에 대한 다양한 주장들이 제기된 내용은 이어지는 번역본 "기독교의 본질"에서 중점적으로 다루어집니다. 이 내용은 "믿음의 확실성"에서도 언급되는 것과 같이 바빙크에게서 대단히 중요한 내용입니다. 따라서, 동일한 내용이 반복될 때 그 내용을 건너뛰기보다는, 여러 측면에서 그 중요성을 더욱 생각하면서 읽어 보기를 권면 드립니다.

16 종교개혁 이후 합리주의 경향이 어떻게 전개되는지는 바빙크의 저서에 계속 반복해서

그 이후로 기독교의 본질에 대한 개념은 끊임없이 증가해 왔습니다. 왜냐하면, 19세기에 교회, 종파, 종교 단체가 급격하게 증가하면서 각각 기독교와 그리스도의 인격에 대한 특정한 견해를 주장하게 되었기 때문이었습니다. 더 나아가 신학자, 철학자, 역사학자, 사회주의자들이 제안한 종교에 관한 다양한 대표적인 개념들이 좁은 혹은 넓은 영역에서 영향을 미치면서, 기독교 본질 개념에 추가되었기 때문이었습니다.[17]

이와 연관된 인물들로, 칸트(Kant)와 헤겔(Hegel), 슐라이어마허(Schleiermacher)와 리츨(Ritschl), 궁켈(Gunkel)과 트뢸취(Troeltsch), 카우츠키(Kautsky)와 마우렌브레허(Maurenbrecher), 그린(Green), 존 케어드(John Caird), 조사이어 로이스(Josiah Royce) 등을 떠올릴 수 있고, 자기 뜻을 따라 이 리스트에 다른 인물을 추가할 수도 있습니다.

오늘날 기독교의 본질에 관하여 아주 다양한 주장이 제시됩니다. 학자나 준 학자들의 수만큼이나 많은 그리스도가 전파됩니다. 이러한 상황은 매우 혼란스럽고 절망적인 것처럼 보이며, 진리는 발견될 수 없다고 단언하는 회의주의자들도 있습니다.

그러나 기독교 본질에 대한 다양한 의견들의 대립 속에서도 일부 서로 동의할 수 있는 고무적인 징후들이 있습니다.[18]

첫째, 자신들이 주장하는 기독교에 대한 개념을 기독교 자체의 본디 개념과 동일시하는 교회나 사상 분파는 없습니다.

언급됩니다. 앞으로 번역될 이 시대의 영의 영향과 "네덜란드에서의 개혁교회"에서 이 내용이 집중적으로 다뤄집니다.

17 이렇게 각자가 나름의 그리스도의 이미지를 주장하는 시대를 바빙크는 종종 '교수들의 그리스도들'이라고 부릅니다. 왜냐하면, 한 대학에서 실제로 오전과 오후에 다른 개념의 그리스도가 각각의 교수에 의해서 가르쳐졌기 때문입니다.

18 기독교 본질에 대한 많은 주장이 제기되는 가운데, 서로 합의할 수 있는. 세 가지 내용에 대한 언급은 바빙크의 저서에서 자주 언급됩니다. 그 실제적인 의미는 향후 언급되는 곳에서 다시 논평할 예정입니다.

각 분파는 자신들의 해석이 옳다고 주장하며, 다른 모든 주장에 대해 자신의 관점을 방어합니다. 그런데도 각 교회와 각 사상은 예수 그리스도 안에 있는 진리 자체와 그 진리가 받아들여져서 부정확하고 결함이 있는 방식으로 믿음의 고백으로 자신들이 표현된 관점을 구분하고 있습니다.

로마가톨릭교회는 이 점에서 하나의 예외가 되는데 그들은 교황에게 무오류성을 부여하고 자신들의 교리가 복음에 대한 독특한 진리이자 절대적으로 옳은 해석이라고 선언하기 때문입니다. 그러나 로마가톨릭조차도 그리스도와 그의 대리자로서의 교황을 구분합니다. 또한, 사도들의 증언 자체가 신약성경이 된 사도들의 영감과 성경을 묵상할 때, 교회의 머리 되시는 그리스도를 즐거워하게 되는 성령의 도움 사이를 구분합니다.

원칙적으로 성경의 진리 자체와 교회의 교리가 구분된다는 것을 부인하는 사람은 아무도 없습니다.

지금까지의 언급은 사적이고 개인적인 본인의 견해로 갖게 된 복음 해석을 역사적이라고 주장하면서, 교회에 귀속되는 교회의 교리와 자신들을 구분하는 사람들과 연관하여 중요성이 없는 것이 아닙니다. 교회들 또한, 사실상 가능한 한 순수한 복음에 대한 진술을 신앙고백 가운데 제공하려고 정당하고 진지하게 노력해 왔습니다.

이런 관점에서 볼 때 하르낙과 같은 인물은 지금까지 유지되어 온 기독교의 본질에 개념들을 거부하고 기독교 본질에 관한 하나의 개별적인 설명을 제시하며, 그들 자신의 견해가 다른 관점들보다 더 선호할 만한 것으로 여깁니다.[19]

---

19 1899-1900년 기독교의 본질에 관한 하르낙의 강의는 당시 일부 유대교와 로마가톨릭 신학자들이 호응할 만한 정도로 대단한 선풍적인 인기를 끌었습니다. 바빙크는 이에 대하여 1906년 『기독교의 본질』을 통해, 기독교 본질을 전통적인 기독론 교리를 떠나 연구하는 추세와 함께, 하르낙의 기독교 본질을 세밀하게 분석하고 비평하였습니다. 이 작품은 이어서 번역됩니다.

그러나 기독교 본질에 대한 개인적인 견해들은 본래 복음에 관한 다양한, 기존에 있었던 대표적인 견해 중 어느 하나이며, 사실 어떤 발전을 더해 주지도 못합니다. 따라서, 그들의 견해가 독특한 복음으로 교회의 교리 자리를 대신 차지할 수 없습니다. 단지 교회에서 존중받는 **복음에 대한 다른 어떤 한 개념**을 나름대로 제공할 뿐입니다.

그러므로 기독교의 본질과 연관된 충돌은 교리적 또는 역사적 해석 사이의 이슈에 대한 것이 전혀 아니며, 본디 기독교가 무엇인지에 대한 이슈에 해당합니다.[20]

둘째, 기독교 본질과 연관된 강력한 합의가 존재하는데, 그것은 기독교 본질에 관한 문제가 본래의 순수하고 진정한 기독교에 대한 이슈와 관련이 있고, 이를 충족하기 위해서는 성경, 특히 신약성경으로 돌아가야 한다는 점에 대한 동의입니다.

실제로 다른 출처는 존재하지 않습니다. 예수에 관한 요세푸스의 증언은 비판적으로 의심스러우며 새로운 내용이 없습니다. 유대인들이 기독교를 반박하기 위한 비방으로 신약이 2세기 중반 이후에 쓰였다는 주장은, 셀수스, 포르피리우스, 그리고 최근에는 헤켈과 같은 사람들에게서 받아들여질 수 있습니다.

하지만, 이것은 본래의 기독교를 찾으려는 진지한 탐구로 고려되지 않습니다. 타키토스, 수에토니우스, 플리니우스의 예수와 그리스도교에 대한 짧은 언급은 그 자체로 중요하며 예수의 역사적 존재를 합리적인 의심 이상으로 입증합니다. 그러나 이들은 본래의 기독교에 대한 우리의 지식을 증가시키지는 않습니다.

---

20   강조는 바빙크에 의한 것입니다.

에비온주의와 영지주의 범주에 기원을 둔 많은 묵시적 복음서는 너무나 많은 편견이 드러나기 때문에, 신뢰성 있는 출처로 간주될 수 없습니다.[21]

최근 발견된 예수의 가르침들 가운데 그분이 직접 말하였고 전통 속에서 순수하게 보존되어 온 것으로 추측되는 것은 몇 가지뿐입니다. 이러한 소수의 예외를 제외하면, 예수님의 생애에 대한 지식에서 신약성경보다 특별히 사복음서가 말하는 것 이상의 다른 출처는 없습니다. 왜냐하면, 복음서를 제외한 신약성경의 다른 책들에서 예수의 생애에 대해 언급한 것은 비교적 적고, 그 내용도 본질에서 복음서들 안에 포함되어 있기 때문입니다.

셋째, 신약성경, 특히 복음서의 진정성과 신뢰성에 대한 오랜 갈등이 전반적으로 인정될 만한 합의에 이르지는 않았지만, 어느 정도 안정된 상태에 이르렀다는 점이 추가적으로 언급되어야 합니다.

누구도 교회에서 받아들여진 기독교와 교회가 기독론에서 신앙고백을 근본적으로 표현한 것이 2세기의 헬레니즘 또는 다른 외부 영향으로 발생한 것이라고 설명하지 않습니다. 특히, 바울의 네 가지 주요 서신(에베소서, 빌립보서, 골로새서, 빌레몬서)을 비롯한 신약성경의 책들은 이에 대한 증거를 유지하고 있으며, 이 서신서들의 기원이 2세기나 그 이후일 수는 없습니다.

따라서, 교회의 기독론은 실질적으로 1세기에 형성되었고, 이 기독론은 최초의 기독교에 대한 헬레니즘적 영향보다 앞선 것으로 보는 것이 현재 거의 전반적으로 인정되고 있습니다. 이에 따라 신약성경의 다양한 책들이 2세기에 쓰였다는 주장들은 사라졌습니다. 잘 알려진 비평가들에 의해 거의 모든 신약성경 책들의 저작 시기가 연속적으로 1세기로 되돌려졌습

---

21 이 묵시적 복음서들에 대한 문제는 바빙크 시대뿐만 아니라 오늘날 오히려 더 성경에 따르는 취급을 받는 것에 주의를 기울일 필요가 있습니다. 특별히 방송과 신문을 통해 이를 대중화하려는 경향을 더욱 경계할 필요가 있습니다.

니다. 1897년에 하르낙은 가장 오래된 기독교 문헌이 속임수와 위조의 짜임새로 여겨진 시절이 있었지만, 그런 시절은 지나갔다고 말했습니다.

우리는 전통으로 돌아가고 있습니다. 바울의 서신부터 이레니우스의 글까지 기독교 문헌들을 전통적으로 배열한 연대기적 순서는 본질에서 옳다고 간주하여야 합니다. 베를린대학교 교수 하르낙의 이 견해는 이후 많은 사람이 동의하였습니다.[22]

이와 함께, 학문적 연구의 무게중심은 문헌비평에서 종교 역사[23]로 이동하였습니다. 그 출처들의 기원을 추적할 수 있는 바에 따라, 기독교의 가장 오래된 교회들은 예수를 그리스도로 고백했음을 확인할 수 있습니다.

그러나 여전히 그리스도가 교회의 산물이거나, 교회가 그리스도의 산물인 두 가지 해석의 가능성이 남아 있습니다. 전자의 경우, 우리는 오랫동안 종교적인 사람들의 집단이 존재했거나 혹은 이들이 사회적 상황의 영향을 받아 교회의 기독론을 만들었다고 상상해야 합니다. 이들은 신약성경에서 발견되는 그리스도 형상의 특징을 유대, 그리스, 이집트, 바빌로니아 또는 인도의 자료들과 결합하여, 역사적 존재가 의심스러운 어떤 예수에 적용했습니다.

이렇게 시도된 예수에 대한 해석은 어느 정도 진전을 이루었지만, 곧 헛된 것으로 증명되었습니다. 그리스도에 대한 이같은 신화적 해석의 시대는 이미 지나갔으며, 학자들의 범주에서 그리스도의 역사적 존재가 더욱 확고해졌습니다.

---

22 18세기 계몽주의의 영향 아래 봇물 터지듯 제시되었던 기독교 본질에 관한 수많은 주장은 19세기 말 20세기 초에 들면서 그 자체의 모순에 의해서 대부분 사라진 것을 바빙크는 말하고 있습니다. 그러나 바빙크 당시 하르낙과 리츨과 같은 자유주의신학이 선풍적인 인기를 얻었고, 기독교 본질로 간주하기도 했습니다. 그런데도 D. A. 카슨의 말과 같이, 20세기 범람했던 자유주의신학은 현재 대부분 사라졌고, 보수적인 기독교가 그 본질의 계속 유지하고 있습니다.

23 *Religions-Geschicht(종교 역사는 당시 종교의 기원과 발전을 종교에 대한 역사적 비교를 통해 제시하고자 했던, 바빙크 당시 유행한 종교 연구의 한 방법론이었습니다).

그러나 예수의 역사적 존재만으로는 교회의 믿음만 아니라 학문에도 거의 만족을 주지 못했습니다. 이것은 **예수가 존재했는가**에 관한 문제가 아니라 더욱더 **그가 누구였느냐**는 관한 문제였습니다.[24]

이에 연구들은 분명히 어떤 결과로 이어졌습니다. 실제로, 참으로 복음서들이 이전 세대가 그들의 정신과 마음을 만족시키는 예수의 생애를 기록할 수 있게 한 것만큼이나, 이 복음서들은 우리 시대의 비평가들에게 성경의 그리스도로부터, 소위 역사적 그리스도로 돌아갈 기회를 제공했습니다.

기독교 본질에 대한 실재의 바닥에 서기 위해, 모든 토양층을 너무 깊게 제거하려는 시도는 완전히 실패했습니다. 당시의 구호, 곧 바울과 요한으로부터 그리스도로, 곧 공관복음의 예수로, 특히 산상수훈의 예수로 돌아가자는 외침은 공허한 소리로 판명되었습니다. 왜냐하면, 신약성경 모든 책에서 그리스도의 이미지는 본질상 같았기 때문입니다.

바울은 어떻게 그리스도에 관한 그의 교리에 도달할 수 있었을까요?
사도 바울이 원래의 복음서를 소위 "위조"했다면 어떻게 그가 신자들 사이에서 받아들여질 수 있었을까요?
만약 바울이 그리스도에 대한 신앙의 근본적인 조항에서 완전히 다른 생각을 품고 있었고 다른 그리스도를 전파했다면(갈 2:2-9), 예루살렘에 있는 사도들에게 복음을 설명한 후에 바울이 어떻게 환영을 받으며 그들과의 교제에 받아들여질 수 있었겠습니까?

사실, 바울과 일부 유대인 형제들 사이에는 복음에 대한 견해 차이가 있었지만, 이 차이는 구약 율법과 연관된 복음에서 파생되어 나온 결과에 관

---

24 강조는 바빙크에 의한 것입니다.

한 내용에만 해당하였습니다.

반면, 그리스도의 인격, 그의 생애, 죽음, 부활, 그리고 재림에 관해서는 논란의 여지가 없었습니다. 기독론적 논쟁에 속한 관점들에 모든 사도가 동의했고 다른 견해는 없었습니다. 공관복음이 예수의 제자들로부터 즉 신자들에 의해서 유래한 것과 마찬가지로, 요한복음과 바울의 서신서들도 동일하게 제자들과 신자들에 의해서 유래되었습니다. 요한복음과 바울의 서신서들은 최소한 사도들에 의해서 그리스도의 인격과 사역에 대하여 공적으로 가르침을 이미 받았던 많은 신자가 존재했던 시대에 쓰였습니다.

요한과 바울의 모든 서신서는 사도들에 의해 전파되고 당시 모든 신자가 고백했던 예수는 그리스도란 복음 이외의 다른 복음을 선포하지 않았습니다. 그것은 신약성경이 모든 책에서 우리에게 제시해 주는 **하나의 조화로운 그리스도의 이미지**입니다.[25]

4. 예수가 그리스도, 하나님의 아들에 대한 성경적 증거

*이 내용은 제2부 본론 2.예수가 그리스도, 하나님의 아들이심에 대한 성경의 증거(67-82면)과 동일합니다.

그대로 넘어가기보다는 『기독교』 2장 내용으로 돌아가 다시 한번 정독해 보시기를 권해 드립니다.

---

25 강조는 바빙크에 의한 것입니다.

5. 결론과 적용

우리도 여전히 예수가 그리스도라고 선포하는 신약성경과 마주하고 있습니다. 그 안에 포함된 모든 글은 믿음의 증언이며, 따라서 올바로 들려지고 이해되기를 기대하고 있습니다.

신약성경 모두는 성경 속에서 인류의 보편적인 유익을 위해 만들어졌고 보존되고 후대에 계속 전해짐으로써 사도적 복음의 가르침을 형성했습니다. 다시 말해, 신약성경이 매주일 강단에서 사람들에게 반복하여 선포되고, 선교사들을 통해 이방인들에게 전파될 때 사도적 복음의 가르침을 형성합니다.

이러한 방식으로 신약성경을 예수 안에 있는 그대로의 은혜와 진리에 관한 사도적 증언으로 보는 것은 우리 신앙의 토대적인 관점에 해당합니다.

구약성경이나 신약성경은 개인이나 국가의 삶에 관해 가르쳐 주는 역사책으로 주어지지 않았습니다. 성경은 학문적 노력의 결과로서, 위대한 사상가들이 자신들의 어떤 체계를 제공하기 위하여 우리에게 주어지지 않았습니다. 성경은 문화의 산물이 아니며, "순수 예술과 아름다운 편지"(belle letters)와 같은 보화를 증가시키는 문학의 어떤 단계를 제공하기 위하여 우리에게 주어지지 않았습니다. 성경은 그리스-로마 세계의 역사적, 철학적, 문학적 저작물과 같은 범주에 포함되어서는 안 됩니다.

성경은 그 자체의 독특한 위치를 차지하고, 독립적인 특성을 보입니다. 성경은 복음을 전파하고 믿음을 증언하는, 그 시대의 일상 언어로 표현되고, 교회와 교회의 지체들을 위해 우리에게 주어졌습니다.

성경의 이러한 목적과 특성은 이전 시대보다 우리 시대에 더 많이 인식되게 되었는데, 그것은 성경이 기록된 비문과 파피루스라는 보화를 통해 우리는 신약성경의 언어와 문체, 설명, 문자 형태를 고대 기록과 비교할 수 있게 되었기 때문입니다. 이것이 신약성경을 통해 우리에게 오는 사도들의 증거를 모든 사람이 받아들이고 영접할 수 있는 특별한 방법입니다.

그런 의미에서 성경에서 우리에게 오는 진리는, 성경비평에 종속됨으로써 그 진리가 우리의 연구에 의존하도록 우리의 지성에 자신을 맡기지 않습니다. 이 성경 진리는 현명하고 신중한 사람이나 그 시대의 서기관과 학자에게 스스로에 대하여 말하지 않습니다. 성경 진리 자체가 그들의 판단에 의존하지 않습니다는 사실을 먼저 알고 있기 때문입니다. 그것은 헬라인에게 미련한 것이요 유대인에게는 걸림돌이요, 자연인의 소원이나 원함을 따른 것이 아닙니다(마 11:25; 16:17; 고전 1:23; 갈 1:11).

그리스도의 복음은 맨 먼저 사람들의 마음과 양심에 자신에 대해 말하고, 구속이 필요한 죄인으로서의 인간에게 진리를 말하고, 어디서나 항상 동일하게 남아 있으며, 심지어 가장 높은 수준의 문화가 있는 곳에서도 동일한 필요와 요구하고 있습니다.

그러므로 선지자들과 사도들과 구약과 신약의 전체 교회가 걸어갔던 발자취와 같이, 거듭남과 믿음과 회심 외에 복음을 받아들이는 다른 길은 없습니다. 이것은 그리스도께서 니고데모에게 하신 말씀입니다.

> 사람이 거듭나지 아니하면 하나님 나라를 볼 수 없느니라(요 3:3; 비교 7:17; 고전 12:3).

이처럼 복음을 듣고 받아들이는 사람은 그것을 사람의 말로 받아들이지 않고 참으로 하나님의 말씀으로 받아들입니다. 그는 육신이 된 말씀에서 아버지 독생자의 영광을 봅니다.

성경에서 그리스도를 받아들이는 것과 그리스도에 대한 사도의 증거를 받아들이는 이 두 가지는 서로 불가분의 관계입니다. 그리스도를 믿는 사람은 또한 사도들의 입을 통해 전해진 그리스도에 대한 사도들의 증언을 받아들입니다. 그리고 그는 말씀을 듣는 자일 뿐만 아니라 말씀을 행하는 자이기에, 그리스도 자신에 대한 사도적 증언을 통해 앞으로 나아가는 믿음을 추구하게 됩니다. 그리스도, 하나님, 세계, 인간, 자연, 역사, 문화, 하늘과 땅에 있는 모든 것에 관한 새로운 이해의 빛이 일어납니다. 그 결과 이들의 기원과 존재와 대상에 대하여 이전과는 다른 의미와 가치를 갖게 됩니다.

이제 그리스도를 중심으로 하는 기독교는 그에게 새롭고 아름답고 영광스러운 세계와 생명관(life-view)이 됩니다. 왜냐하면, 하나님과 사람 사이의 중보자가 그에게 영원한 하나님 나라의 확장과 완성을 확신시켜 주기 때문입니다.

부록

B. B. 워필드의 "그리스도 없는 기독교"의 결론
(바빙크 글 인용)

1. 기독교와 다른 종교들과의 관계를 일반계시와 특별계시의 관계 측면에서 설명한 바빙크의 말을 소개하고자 합니다.

> 결국, 종교의 창시자들은 사기꾼들이거나 사탄의 대리인들(agents)이 아니라 종교적 성향이 있는 사람들로서, 그들의 시대와 민족을 위해 완수해야 할 소명을 받았던 자들이며 자주 백성들의 삶에 좋은 영향을 끼쳤던 자들입니다. 얼마나 많은 오류와 섞였든 간에 다양한 종교는 어느 정도 종교적 필요를 만족시켰으며 삶의 고통에 위로를 제공했습니다. 우리는 이방 세계에서 단지 절망의 외침만이 아니라, 신뢰, 희망, 감수(甘受, resignation), 평화, 복종, 인내 등의 표현들도 보게 됩니다.
>
> 종교에 필수적인 모든 요소와 형태인 하나님에 대한 개념, 죄책감, 구원의 갈망, 제사, 사제직, 성전, 예배, 기도 등은 비록 부패하였을지라도 이방 종교들 가운데에서도 마찬가지로 나타납니다. 심지어 여기저기에 더 좋고 순수한 종교에 대한 무의식적인 예언들과 인상적인 기대들이 나타납니다. 그러므로 기독교는 이방 종교에 대해 대립할 뿐만 아니라, 이방 종교의 완성(혹은 성취, fulfillment)이기도 합니다.

따라서, 기독교는 참된 종교이며 또한 가장 순수한 최상의 종교이기도 하며, 모든 종교의 진리입니다.

이방 종교에서 '서툴게 모방한' 것이 여기 기독교에서는 살아 있는 '원형'인 것입니다. 거기서 겉모습은 여기서 본질입니다. 거기서 추구되던 것은 여기서 발견됩니다. 기독교는 이방 종교의 해설이며, 그리스도는 이스라엘에 그 약속된 자이며 모든 이방인의 소원입니다. 이스라엘과 교회는 인류의 유익을 위해 선택되었습니다. 아브라함의 '씨' 안에서 지상의 모든 민족이 복을 받을 것입니다.[1]

2. 바빙크의 『하나님의 큰일』에서 기독교에서 그리스도의 위치에 관한 언급은 다음과 같습니다.

그리스도는 기독교 그 자체입니다. 그리스도는 기독교 밖에 서 계시지 않고 그 가운데 서 계십니다. 그리스도의 이름 없이는, 그리스도의 인격과 사역 없이는 기독교는 더이상 존재하지 않습니다. 한마디로 그리스도는 구원의 길을 제시하는 이정표가 아니라, 구원의 길 그 자체입니다. 그리스도는 하나님과 사람 사이의 독특한 참되고 완전한 중보자입니다.[2]

---

1 헤르만 바빙크, 『개혁교의학1』, 박태현 역(서울: 부흥과개혁사, 2011), 438. Cf. Henk van den Belt, "Religion as Revelation? The Development of Herman Bavinck's View from a Reformed Orthodox to a Neo-Calvinist Approach," *The Bavinck Review* 4(2013): 9-31.

2 Bavinck, *Magnalia Dei*,(1909), 312; "Christus is het Christendom zelf; Hij taat er niet buiten maar er midden in; zonder zijn naam, persoon en werk is er geen Christendom meer. Christus is in één woord niet de wegwijzer naar de zaligheid, maar de weg zelf. Hij is de eenige, waarachtige en volkomene Middelaar tusschen God en de menschen."

3. 성육신의 중요성에 대한 바빙크의 강조는 관련된 그의 모든 저서에서 계속해서 강조됩니다. 성육신이 속죄와 부활과 함께 구속사뿐만 아니라 온 인류 역사의 중심이 된다는 그의 말을 소개하고자 합니다.

> 그리스도는 창조의 중재자로, 사람들의 생명과 빛이시며, 족장들에 대한 약속이며 민족들의 열망이며, 세계의 구세주시며, 산 자와 죽은 자의 심판자시며, 모든 사람과 모든 것들과 유사하며, 동시에 모든 것과 구별되고, 최고로 찬양을 받습니다. 그리스도의 인격과 사역을 어떻게 예증하거나, 명료화하거나, 또는 설명하든지 간에, 그리스도는 그의 인격과 사역의 독특한 탁월성 안에서, 지금 우리와 세계 앞에 복음의 내용으로 나타납니다.
>
> 성육신, 십자가로 성취된 만족, 부활의 이 세 가지는 역사의 중심 사실들입니다. 또한, 옛 위대한 구원 협약, 행위 언약 그리고 은혜 언약들의 성취이며, 신약성서의 내용이자 또한 사도들의 설교(케리그마, κήρυγμα)이며 기독교회의 기반이며 교리사와 세계 역사의 중심입니다.[3]

4. 바빙크에게서 그리스도의 신성과 연관하여 그리스도는 하나님의 아들이셨기 때문에, 특별한 의미에서 그의 삼중직, 즉 특별한 의미에서 선지자, 제사장, 왕이 될 수 있었다는 의미는 중요합니다. 또 그리스도의 신성은 어떤 그럴듯한 좋은 의미로 말하든지 간에, 창세 전에 계셨고, 항상 계시고 지금도 계시는 존재론적 의미에서의 그리스도의 신성이 아닌 모든 중간적인 믿음을 거부하였습니다. 다음은 『개혁교의학3』에 나오는 관련 내용입니다.

---

[3] Bavinck, *The philosophy of revelation* (1909), 201.

기독교회는 예수를 하나님이라고 칭할 때, 결코 직분의 명칭이 아니라, 항상 본질의 명칭을 의미했습니다. 한 사람이 동일한 단어와 동일한 이름을 전혀 다른 의미로 사용하기 시작할 때, 그는 의도적으로 오해와 혼란을 일으키며 교회에 대해 부당한 행위를 저지릅니다. 더 나아가, 만일 그리스도가 본질적인 의미에서 하나님이 아니라면, 그와 같이 일컬어지거나 숭배되어서는 안 됩니다.

비록 사람들이 그리스도가 하나님의 사랑을 완전히 계시하고, 세상과 인류를 향한 하나님의 계획을 전적으로 자신 안에 통합하고, 하나님의 몫을 온전히 자신의 것으로 삼았다고 말할지라도, 이 모든 것은 성경적이고 기독교적인 입장에서 그리고 또한 논리적이고 철학적인 입장에서 인간 예수를 하나님이라 부르는 것을 정당화하지 못합니다. 종교적이고 윤리적 의미에서 하나님과 하나라는 것은 형이상학적(곧 존재론적) 의미에서 하나님과 하나라는 것과 전혀 다른 것입니다.[4]

---

4   바빙크, 『개혁교의학3』, 348.